# 基础英语教学理论与应用研究

莫竹浪 著

延边大学出版社

**图书在版编目（CIP）数据**

基础英语教学理论与应用研究 / 莫竹浪著. -- 延吉：延边大学出版社, 2023.6
ISBN 978-7-230-05090-6

Ⅰ.①基… Ⅱ.①莫… Ⅲ.①英语－教学研究 Ⅳ.①H319.3

中国国家版本馆CIP数据核字(2023)第105943号

**基础英语教学理论与应用研究**

---

著　　者：莫竹浪
责任编辑：李　磊
封面设计：文合文化
出版发行：延边大学出版社
社　　址：吉林省延吉市公园路977号　　邮　　编：133002
网　　址：http://www.ydcbs.com　　E-mail：ydcbs@ydcbs.com
电　　话：0433-2732435　　传　　真：0433-2732434
印　　刷：廊坊市广阳区九洲印刷厂
开　　本：787×1092　1/16
印　　张：10
字　　数：220 千字
版　　次：2023 年 6 月 第 1 版
印　　次：2023 年 6 月 第 1 次印刷
书　　号：ISBN 978-7-230-05090-6

---

定价：78.00元

# 前　言

语言作为文化的主要载体，直接反映一个民族的文化以及风俗习惯，不同的语言所代表的文化内涵具有本质性的区别。但是任何一种语言的教学，均需要注重培养学生的文化素养，这样才能促使学生真正了解该门语言所体现的文化，同时有助于学生掌握该门语言的应用技巧。新课程标准要求将学生的文化素养培养纳入教学的课程目标当中，促使英语教师不得不注重学生文化素养的培养。鉴于此，在英语教学过程中，教师不仅需要注重英语理论知识的教学，还需要在教学过程中，融合文化理论知识，这样才能有效培养学生的英语文化素养。

本书针对基础英语教学理论及应用做出详细的分析，首先概述了基础英语教学的基本内容，包括基础英语教学的含义、目的、原则等，然后对基础英语教学的理论基础、相关内容、常见模式、教学策略等进行深入研究，最后分析了基础英语新课程资源开发与课程优化和基础英语教师团队建设。

本书由于涉及的研究内容广泛，具有较强的综合性和应用性，在撰写过程中参考和借鉴了同行学者的研究成果，在此表示衷心的感谢。由于编者水平有限，时间仓促，书中难免存在不妥之处，敬请广大读者批评指正，以便今后进一步修改完善。

莫竹浪<br>2023 年 3 月

# 目 录

## 第一章 基础英语教学概述 ................................................ 1

第一节 基础英语教学的内涵及特点 ................................ 1
第二节 基础英语教学的基本原则 .................................... 8
第三节 基础英语教学的构成要素 .................................... 20
第四节 基础英语教学的基本环节 .................................... 24

## 第二章 基础英语教学的理论基础 .................................... 33

第一节 建构主义教学理论 ................................................ 33
第二节 语篇分析理论 ........................................................ 37
第三节 人本主义教学理论 ................................................ 40

## 第三章 基础英语教学教学法 ............................................ 50

第一节 传统教学法 ............................................................ 50
第二节 交际法 .................................................................... 63
第三节 内容型教学法 ........................................................ 67
第四节 任务型教学法 ........................................................ 70

## 第四章 基础英语教学常见模式 ........................................ 77

第一节 基础英语新课程听力教学模式 ............................ 77
第二节 基础英语新课程阅读教学模式 ............................ 83
第三节 基础英语新课程口语教学模式 ............................ 91

第四节　基础英语新课程写作教学模式 ............................................. 93

## 第五章　基础英语教学策略 ............................................. 100

　　第一节　常用的英语教学策略 ............................................. 100
　　第二节　基础英语新课程文化导入教学策略 ............................................. 112
　　第三节　基于新课程理念的基础任务型英语教学策略 ............................................. 118

## 第六章　基础英语新课程资源开发与课程优化 ............................................. 128

　　第一节　课程资源的内涵及其分类 ............................................. 128
　　第二节　基础英语新课程资源开发原则 ............................................. 132
　　第三节　基础英语新课程资源开发途径 ............................................. 134
　　第四节　基础英语课程优化的理念 ............................................. 142

## 第七章　基础英语教师团队建设 ............................................. 145

　　第一节　锻造教师团队的精神文化 ............................................. 145
　　第二节　健全教师团队的运行机制 ............................................. 147
　　第三节　开展教师团队的项目研究 ............................................. 149
　　第四节　搭建教师团队的分享平台 ............................................. 151

## 参考文献 ............................................. 153

# 第一章 基础英语教学概述

## 第一节 基础英语教学的内涵及特点

### 一、教学的内涵

在研究基础英语教学的本质与定义之前，有必要先了解一下什么是教学。

教学既是一种基本因素，又是一种复杂因素，也是教育中的一个重要因素。研究教育必须对教学的相关概念有所了解。

教学是一种教育活动。对教师来说，教学是引导学生学习的教育活动；对学生来说，教学是在教师有目的、有计划、有组织地的引导下进行的学习活动。学生是否得到发展是教学能否实现其目标的关键。教学是一个师生互动的过程，也是教师教、学生学习，并在学习过程中全面发展的过程，还是学生在教师引导下掌握知识和技能、发展能力、发展身心和形成相关的情感态度及价值观的过程。教学需要师生共同参与，是师生双方教和学的共同活动，也就是说，没有教师有计划地教，就不可能有教学活动；没有学生积极主动地学，教学活动也无从谈起，教学是教与学相统一的活动。所以，从师生互动来说，教学应该是教师引导和学生主导的互动活动。

教学是一种有目的的互动，这是因为教学是学校教育最主要的教育活动，具有非常明确的目标。不同学科的教学虽然具有共同的教学目的，但也都有着各自的教学目标。同样，在不同的学段、学年、学期、星期，不同的教材、单元、课文、活动，教学目标也会有所不同。

教学需要具体的内容。教学是一定知识、技能的传递，也是人类生存经验的传递。

教学中的知识、技能、经验体现在具体的课程内容和教学内容上，因此教学内容具有不同的层次。

教学的显著特征是系统性和计划性。这是因为教学是学校教育中有计划的、系统的活动，其主要表现在课程计划和教学计划上。当然，这种系统的计划主要是由教育行政机构、学校和教师等经过长期的思考而制定的。

实施教学必须采用一定的教学方法和借助一些教育技术。教学具有非常深厚的历史沉淀，其在不断变化与发展中形成了大量有效的方法。现代科学技术，特别是信息技术的发展，为教学提供了多种多样可以借助的教学技术。

由此可见，教学是在有计划的、系统性的过程中，依据一定的内容，按照一定的目的，借助一定的方法与技术，教师引导学生认识世界、学习和掌握知识与技能，同时得到全面发展的活动。

## 二、基础英语教学的本质

### （一）基础英语教学是一种语言教学

英语是一种重要的国家交际语言，因此对其的教学便是一种语言教学。语言教学的目的是培养学生使用语言的能力。对于中国人来说，英语作为第二语言，是一门外语，英语教学也就是外语教学。从人类外语教学的发展历史来看，外语教学离不开外语知识教学，以外语知识为基础的外语教学有利于对学生运用外语能力的培养。因此，英语教学作为语言教学，其本质应该是培养学生综合运用英语的能力。

需要特别指出的是，一些以学习语言知识而进行专门研究的语言教学并不是以运用语言为目的，因此对其的教学并不属于语言教学的范畴，如古希腊语的研究、古汉语的研究等。这些语言在当今社会几乎不再使用，因此这种语言的教学需要和语言教学区分开。

## （二）基础英语教学是一种文化教学

文化孕育语言，语言反映文化，二者有着密切的联系。英语教学不仅需要使学生了解基本的语言知识，同时也需要培养和提高其英语思维能力，从而便于日后的语言使用。从这个意义上说，英语教学也是一种文化教学。

# 三、基础英语教学的特点

## （一）实践活动是基础英语教学的中心

英语课的性质是实践课，而不是灌输式课堂，这是由英语教学的目的和任务决定的。英语课不论是在中小学作为一门普通教育课程而存在，还是在高等学校作为语言专业课或公共基础课而存在，其教学的首要目的都是应用，即要求学生能把英语作为一种交际工具来使用。想要达到这一目标，就需要在英语教学中开展实践活动。可以说，英语教学就是一种在教师指导下的系统的语言交际活动的训练过程。在所有的实践活动中，听、说、读、写的言语训练活动是主要的，语音、语法、词汇的语言知识讲授也不可缺少，但起的是辅助作用。要实现培养学生基本技能这一教学目的，只能依靠不断的训练工作才能达到，也就是课堂中要有大量的实践活动。这一实践性特点，决定了英语课的学生人数不宜过多，英语课以小班教学为宜。

## （二）学生在基础英语教学中具有主体性

在英语教学活动中，学生是主体，而教师则是活动的组织者。既然这样，那么能否充分调动学生的积极性，使其能在教师指导下进行尽可能多的练习活动，就成为评定英语课质量的主要标准。在现代的英语教学中，教师依然起着主导作用，主要表现为充分调动学生的积极性、善于把学生组织起来进行英语技能训练等。学生活动的质量在很大程度上取决于教师的组织和领导。因此，对于教师有很多要求，比如每节课前教师必须认真备课，精心设计领导和组织学生进行练习的方式。现在衡量英语课的成败与英语教师课堂工作质量优劣,并不是以教师讲了多少内容及讲得怎样为根据的,而是把学生在教师指导下做了多少练习作为衡量的标准。可见,以前教师满堂灌的形式已经不适应现代的英语教学,学生逐渐在课堂中扮演主体性的角色。

### (三) 英语气氛和环境营造的积极性

英语气氛和英语环境在英语教学中有十分重要的意义,因此在英语教学中营造良好的英语气氛和环境便显得非常重要。现在的很多英语教学也都在积极地往这个方向努力。学生多做英语实践练习是保证营造良好的英语教学气氛和环境的一个非常重要的因素;教师在知识讲解和组织练习实践时尽可能直接用英语进行,也能加强营造英语教学的氛围。为此,教师应有计划地传授学生英语教学中应具备的各种用语,并在自己的教学组织工作中积极地加以使用,而且要求学生也经常使用。一方面,创造课堂教学的英语气氛和环境,多使用英语课堂用语可以营造良好的英语环境和氛围;另一方面,在整个教学过程中尽量少用汉语可以更加保证英语环境和氛围的营造。此外,教师熟练地掌握英语教学技巧,也有助于其在教学中营造出良好的英语气氛。

### (四) 汉语对英语课堂教学影响的迁移性

在谈到母语和英语之间的关系时,人们经常谈到的是"迁移"的问题。"迁移"本来是一个心理学术语,在教学中,它指在学习过程中学习者已有的知识或技能会对新知识或技能的获得产生的影响。20 世纪 50 年代,迁移理论被纳入语言教学研究中,它认为母语迁移会对英语学习产生影响。在英语学习中,迁移指"一种语言对学习另一种语言产生的影响"。迁移经常被学习者当成一种学习策略来采用,它指学习者利用已知的语言知识去理解新的语言,尤其是在英语学习的初级阶段,这种现象出现得最为频繁,究其原因,在于学习者还不熟悉英语的语法规则,此时只有汉语可以依赖,汉语的内容就很容易被迁移到英语之中。汉语的迁移可以分为两个方面,即正迁移和负迁移。这两种类型在英语课堂教学中有着不同的作用,具体来说,正迁移对于英语的学习起正面的影响,负迁移对于英语的学习起负面的影响。

**1.汉语词汇和基本语法对英语课堂教学产生迁移性的影响**

中国人的母语是汉语,学生一般在少年儿童时期就已经开始学习汉语,这时,他们已经掌握了大量的汉语词汇和基本语法,具备了使用汉语进行听说和读写的能力,也能够比较好地使用汉语进行交际。而英语对他们来说是一门外语,且是要学习的目标语。因此,汉语对英语教学有着迁移性的影响。在英语课堂教学中,中国学生的语言迁移表现在各个层次上,如语音、词汇和语法等。有时候,由于英汉两种语言之间存在着很多相似或者吻合的地方,这时中国学生在学习英语时就可以利用已有的汉语知识,以便能够更好地对英语的学习起到促进作用,这就产生了汉语在英语课堂教学中的正迁移现象。例如,汉语中的形容词都位于它所修饰的名词前面,而英语的有关用法与汉语的这一用法相似,当学生学习了形容词 beautiful 和名词 flower 之后,就会很自然地说出"a beautiful flower"这样的短语。英语和汉语在句子的结构上也存在相似性,这一特性也使得正迁移成为可能。

**2.中国文化对英语课堂教学产生迁移性的影响**

英汉两种语言之间存在着文化的差异,这种差异可以导致迁移现象的产生,这是一种文化迁移现象。这种现象是指由于文化差异而引起的文化干扰,其经常在跨文化交际中或外语学习中有所体现。具体来说,人们会用自己的文化准则和价值观来指导自己的言语和思想,并以此为标准来判断他人的言行和思想,而这种指导与判断往往是在下意识状态下进行的。文化迁移往往会导致交际困难、误解,甚至仇恨。胡文仲和高一虹把文化的内涵分为三种,即物质文化、制度文化和观念文化。而戴炜栋和张红玲根据文化的这一内涵把文化迁移分为两种:一种是表层文化迁移,物质文化和制度文化的文化迁移大体属于表层文化迁移,对于这些文化要素,人们是容易观察到的,只要稍加注意就可以感觉到不同文化在这些方面的差异;另一种是深层文化迁移,主要指观念文化的迁移,由于它属于心理层次,涉及人们的观念和思想,所以在跨文化交际中,这种迁移不容易被注意到。由于本族文化根深蒂固,人一生下来就受到本族语文化的熏陶,其言行无一不受到本族语文化的影响与制约,因此在英语学习中,文化迁移更容易给学生造成交际的障碍。

文化迁移对英语学习的影响具有正负两个方面。刘正光和何素秀曾指出："以往关于外语学习中的迁移理论在对待母语以及母语文化的干扰问题时，对负干扰研究得较多、较透彻，同时，对负迁移的作用也有夸大之嫌。近年来随着人们对母语迁移理论的重新认识和深入研究发现，母语和母语文化对外语学习和外语交际能力的培养也同时存在相当大的正迁移。"因此，英语课堂教学中，汉语文化的教学是不能受到忽视的。我们可以从以下三个方面来分析这一看法：

第一，在英语课堂教学中，其内容不仅仅是培养、介绍和引进国外文化知识、技术、科学等，同时还担负着另外一个任务——中国文化输出。在英语课堂教学中进行西方文化知识传授时，如果忽视中国文化的教学，有可能造成跨文化交际的心理障碍，从而对跨文化交际能力的培养有着消极的影响，比如有可能造成自卑、媚外的心理，以至于在与对方进行交际时不能树立平等的心态。

第二，在中国通常缺乏英语语言环境，因此，研究各种影响传递信息的、语言的和非语言的文化因素时，必须把汉语文化作为比较对象，只有通过两种文化差异的比较才能找到影响英语交际的各种因素。而在中国英语课堂教学中，通过比较，我们还可以对英语教学的重点、难点进行有效的确定，从而在课堂教学中做到有的放矢，提高课堂教学效率。

第三，充分掌握汉语与汉语文化对英语学习和英语交际能力的影响。我国外语界和翻译界的老前辈们的治学经历就能对这一点进行很好的说明。王佐良、许国璋、周珏良等英语界泰斗的成绩在很大程度上就得益于他们深厚的汉语与汉语文化的根底。许多著名的翻译家，如钱锺书、巴金、鲁迅、叶君健、杨宪益等，他们本身就是作家，其译作水平也很高，并且在译作方面也做出了显著的贡献，这在很大程度上也得益于他们自身深厚的汉语及汉语文化知识。与汉语和英语的关系这一问题相关的除了语音、词汇、语法、文化等，还有语言的社会功能问题。一个民族的母语能够表现出其民族特征，母语教学对于培养学生的爱国主义情感具有重要的意义。在中国的英语课堂教学中，不能因为英语的教与学而忽视汉语的教与学，否则将会导致严重的后果。在我国英语课堂教学中，在处理汉语和英语的关系时应该注意以下两个问题：

①在英语课堂教学中尽可能使用英语，但是不对汉语的应用进行刻意的回避。

对于汉语和英语二者之间的关系，不管是在理论层面还是在实践中都存在两种极端的态度。一种是完全摆脱汉语而使用英语，刻意地回避汉语。这种主张很难实现，从另一方面来说也是不可取的。而且适当使用汉语也可以取得不错的课堂教学效果，比如将英语和汉语进行对比，可以提高英语课堂教学的预见性和针对性。而在英语课堂上使用汉语时需要注意的是：要根据具体情况适当使用。比如对发音要领、语法等难以用英语解释的内容可以使用汉语进行简要的说明；在解释某些意义抽象的单词或复杂的句子时，如果已经学过的词汇没有可以利用的，在这种情况下也可以使用汉语进行解释。另外一种极端态度是完全依靠汉语来教授英语，这种做法显然是不可取的。对于中国的英语学习者来说，汉语是他们的母语，学生在学习英语时会下意识地与汉语进行比较。如果在英语课堂教学过程中过多地使用汉语，学生对汉语的依赖性只会增加而不会减弱，时间久了就会很难摆脱，严重的甚至会养成一种把汉语当成"中介"的不良习惯，在听、说、读、写等语言活动中会不断地把听到的、读到的以及需要表达的英语先转换成汉语，如果总是采取这种方式学习英语，就很难流利地使用英语，也不可能写出或讲出地道的英语。而且在英语课堂教学中使用英语也有很多益处，如可以创造英语学习的良好氛围，可以增加英语的输入等，有利于减少汉语的负向迁移，增加汉语的正向迁移。

在英语课堂教学中，对于英汉两种语言的相似内容，学生利用汉语就很容易学习，教师只要稍加提示，学生就很容易掌握。而某些内容为英语所特有，学生学起来就比较困难，对于这些内容，教师应该有针对性地将其作为课堂教学的重点，适当增加练习量。而对于两种语言中相似但又不相同的内容，学生在学习中就会很容易受到汉语的干扰，教师在课堂教学中要多加注意这些内容的教学，以防学生把两种语言的知识混淆。

②重视英语课堂教学的同时，不忽视汉语的学习。

经济的全球化和科学技术的国际化是目前新的时代特征，而英语是国际交往中最为重要的交流与沟通的工具，越来越多的人对其重要性已经有所认识。与此同时，全国公共英语等级考试、全国大学英语四六级考试等考试也推动了英语学习的热潮。另外，为了满足人们英语学习的需求，顺势诞生了各种各样的教学方法、丰富多彩的学习用品等，进一步推动了英语学习的热潮。但是，这样的环境很容易给人，尤其是给中小学生及其家长造成一种错觉，使得他们认为英语比汉语还重要，从而导致忽视汉语学习的现象。不重视英语的做法是错误的，而因为重视英语而忽视了对自己母语的学习也同样是不可取的，无论是个人还是社会，都应把英语教学与汉语学习的关系处理好。

## 第二节　基础英语教学的基本原则

### 一、调动学生兴趣的原则

兴趣在英语学习中是最好的老师，是推动英语学习者不断前进的最强有力的动力。在学生认识事物、获取知识、探求真理的过程中，兴趣能够使学生体验到学习的乐趣，从而能够使他们在学习活动中变得积极主动，获得更好的学习效果。对于学习者来说，英语学习的兴趣在很大程度上决定着英语学习的效果。而学习兴趣又源于学习活动，那么在英语教学中，为激发学生学习英语的强烈愿望与兴趣，就要求教师采取一切可用的方法。学习者，尤其是少年儿童，具有天然的对于英语学习的兴趣，这是因为他们对新鲜事物和异国语言与文化充满了好奇。学习者对英语学习的兴趣来自学习英语的目的、学习活动本身以及由此带来的自信心和成就感。那么英语教师想要

激发和培养学生学习英语的兴趣,就应在教学中做到以下几点:

（一）充分了解与尊重学生

1.了解与尊重学生的生理和心理特点

学生在整个学习过程中是作为学习的主体与核心承载者存在的,因此要想培养学生的兴趣,首先要了解学生的生理和心理特点,在此基础上改变传统的学习方式,让学生通过体验和实践进行学习。传统的英语教学中强调学生在初级阶段要学好音标、语法与词汇,这种做法是有一定道理的,但是一些教师却把它作为英语教学的全部,这就有些不太合理,因为这种教学方式很容易导致在英语教学中以教师为中心,使学生处于被动的状态。而实质上,教学应该是一个主动的过程,学习主体必须通过积极体验、参与、实践,以及主动的尝试与创造,才能够在认知能力和语言能力上获得发展。而教学中这种主动的过程需要建立在全面了解学习者的基础上。比如,少年儿童在英语学习中具有一定的优势,如模仿力强、记忆力好、心理负担轻、求知欲强、表现欲强烈和具有创造精神等;然而他们在英语学习中也存在一定的弱势,如注意力不易集中,理解能力相对较弱,对单调的重复和机械的训练不甚喜欢等。如果在英语教学中只要求他们学习和理解语言的知识,背语音和语法的规则,那么他们学习语言的优势就会被忽视,久而久之,就会导致英语成绩的下降,最终放弃英语的学习。因此,英语教学必须从学生的心理和生理特点出发,遵循语言学习规律,尊重学生的整体和个体的特点,从改变学生的学习方式入手,通过听做、读写、说唱和视听等多种活动方式,来逐步培养学生的兴趣,尤其是在学习的初级阶段,这一点显得更为重要。

2.了解和尊重学生感兴趣的问题

在英语教学中除了从学生的生理与心理特点出发,还可以采取发现和收集学生感兴趣的问题的做法,并把这些问题作为设计教学活动的素材。例如,在英语教学初级阶段讲授英文字母时,可以编排英语字母操,这样就能很好地调动学生学习英语的兴趣,可以让课堂生动有趣。

**3.了解和鼓励学生的进步**

善于发现学生的进步,多鼓励表扬,这是培养学生兴趣的另一个方法,通过这种方式可以培养学生的自信心。对于学生来说,学习的效果可以在很大程度上维持其学习兴趣,在英语教学中,教师通过奖品激励、任务激励、荣誉激励、信任激励和情感激励等多种方式,对学生所取得的进步给予鼓励,可以激励学生积极参与、大胆实践,使其感受到成功带来的喜悦,这样学生的兴趣在这种激励中便逐步培养起来了。

## (二)加强师生之间的沟通

实践表明,一个学生对于授课老师的态度极大地影响着其对这一门课程的喜欢程度。英语教学是师生互动的过程,教学中的知识传授和技能培养总是伴随着学生的情绪变化进行的。以好的情绪投身于学习中就会产生一种兴趣和动力。而班级里每个学生的背景都是不同的,他们的家庭环境也不同,那么如何让每个学生产生好的情绪便成为老师面临的一个问题。教师在教学中需要严格要求学生,但同时也要给学生创造一种和谐的学习氛围,平等地对待每一个学生,对学生充满爱心,通过各种形式加强与学生的沟通与交流,真心地与学生交朋友,用自己对工作、对学生的热爱去影响学生。师生之间的关系和谐了,学生也就很容易对该门课程产生兴趣。

## (三)改变传统的英语教学与评价方式

在英语教学中要避免过于强调死记硬背、机械性操练的倾向。过多的机械性操练很容易导致教学的死板与乏味,容易使学生失去或降低对英语的学习兴趣。因此,在英语教学中应努力创设知识内容、技能实践和学习策略需要的情景,以开发学生的英语学习思维,帮助他们加快对英语知识的内化过程,使他们能够在英语交际实践中灵活运用听、说、读、写等技能,最终掌握英语知识。这样,学生不仅能够提高交际能力,同时综合素质也会得到相应的提高,学生的学习兴趣也会得到提升。

应试教育中传统的英语评价方式对学生学习英语的兴趣在一定程度上有着消极的扼杀作用,这种评价方式应当改变。基础英语课程的评价应以形成性评价为主,采用的操作方式也应该是学生在平时教学活动中常见的,重视学生的态度、参与的积极性、努力的程度、交流的能力以及合作的精神等。这种评价包括观察学生的交流、活动,学生的自评、互评等。

## 二、以交际为目标的原则

人们通过语言来交际,而人们学习英语的首要目标就是把英语当成一种语言工具用来交际,因此英语教学的首要目标也要以培养学生的交际能力为主。具体来说,就是学生要能够运用所学的语言知识在不同的场合、与不同的对象进行有效得体的交际。因此,在英语教学中的一个很重要的原则就是以交际为目标,提高学生的英语水平,使其能用所学的英语与人交流。要达到这一目标,应在英语教学中努力做到以下几点:

### (一)正确认识英语课程的性质

要想落实交际目标的原则,首先需要认清课程的性质。英语课是一种技能培养型的课程,在课堂教学中,教、学、用三个方面构成一个有机的统一体,这三者之间是一种相辅相成的关系,其中"用"在这三个方面中处于核心地位。与学习游泳、学习踢足球类似,使用英语进行交际的能力是在使用语言的过程中培养出来的,只有理论而没有应用,也很难达到预期的目标,因此在教学中应加强英语使用的力度。

### (二)创设交际情景

在传统的英语教学中,很多教师只偏重语法结构的教授,学生在这种教学模式下并不能具备良好的英语交际能力。要想让学生具备使用英语进行交际的能力,也就是使其能够在适当的地点、适当的时间,以适当的方式向适当的人讲适当的话,就应在英语教学中创设情景,开展多种形式的交际活动,以此来提高学生英语语言应用的能力。利用语言进行的交际总是发生在特定的情景之中的。情景包括时间、地点、参与者、交际方式、谈论的题目等要素，在某一特定的情景中，某些因素，如讲话者所处的时间、地点以及讲话者的身份等都制约着讲话者说话的内容、语气等。而且，在不同的情景中，同样的一句话也可以表达不同的意义和功能。例如"Can you tell me the time?"这句话可能表示的意思就有两种，一是向别人询问时间，是一种请求的语气，二是表示对他人迟到的一种责备。因此，在英语教学中，要把教学的内容置于一种有意义的情景之中。另外，在一定的情景之中进行的英语教学，除了可以让学生充分理解每一句话所表达的意思，还可以使学生身临其境，提高其英语学习的兴趣。因此，英语教学活动要充分结合教材的内容，利用各种教具，来开展各种情景的交际活动，这样对学生和教学都会产生有利的影响，比如可以提高学生学习英语的兴趣，也可以做到学用结合，收到不错的教学效果。另外，也可以设计任务型活动，让学生通过完成特定的任务来获得和积累相应的知识与经验。

## （三）精讲的同时，要多练习

英语教学的主要工作是讲和练，具体来说，"讲"是指讲授语言知识，"练"是指进行语言训练。在教学中，讲与练相辅相成，都是必不可少的。适当地讲授一些语言知识对提高英语学习的效果有很大帮助。英语是一种语言工具，也是一种技能，英语技能只有通过实际训练才能真正获得。因此，对于教学中的讲与练的关系，教师必须有正确的认识。讲解的目的在于帮助学生更好地训练。而在英语课堂中进行练习时，教师要充分考虑不同学习者的学习能力、理解能力等，然后采取适合他们的形式进行语言训练，同时在语言训练的过程中学生肯定会出现问题，这时教师要有针对性地进行点拨。当学生掌握了一定量的语言知识后，教师要进行适当的总结与归纳，以使学生的认识条理化、系统化，这又回归到了教学中的讲解工作。这种归纳性的讲解有利于培养学生的语言交际能力，也有利于学生养成良好的学习习惯与思维习惯。在进行了必要的讲解之后，还要给学生留出足够的训练时间以进行强化。可见，讲解与练习在教学中是互相穿插的。

## 三、教学灵活性原则

在英语教学中遵循灵活性的要求可以保证学生在教学中的兴趣。学生正处在心理与生理发育成长的阶段，他们的特点是活泼好动、易于接受新鲜事物，而对于死板机械的内容很容易失去兴趣。英语语言是一个充满活力、不断发展的开放性系统。语言本身的性质以及学生自身特点要求我们在英语教学中要遵循灵活性的原则，在教学方法、语言学习和语言使用方面做到灵活多样，这样才能使英语教学富有乐趣。

### （一）英语教学中采用的教学方法具有灵活性

在英语教学史上出现过许多种教学方法和流派，如语法翻译教学法、交际教学法、视听教学法等，但每种方法对于教学而言并不具有普遍性，它们都有其自身的优势与不足，教师应该兼收并蓄、集各家所长，切忌拘泥于某一种所谓流行的教学方法。以英语的内容为标准，可以把英语教学划分为两种：一种是语言知识教学，包括语音、语法、词汇等内容，不同的语音、不同的语法项目、不同的词汇所具有的特点也是不同的；另一种是语言技能教学，主要包括听、说、读、写等方面。从学习者自身来看，他们在个体方面存在着很大的差异性。因此，在英语教学中要综合考虑学生、教学内容以及教师自身的特点，创造性地开展多种多样的教学活动，灵活运用教学方法和教学内容，保持英语教学的新鲜度与趣味性，从而使学生学习英语的热情得到激发，学习的兴趣也得到培养，逐渐帮助学生探索与掌握英语语言学习的规律。

### （二）英语教学中使用的语言具有灵活性

英语教学中不应只是让学生认真听讲和做好笔记，因为英语学习的关键在于使用，应调动学生的积极性，让其参与其中，运用英语来实现目标、达成愿望、体验成功、感受快乐。对教师来说，要想带动学生使用英语，应通过自身灵活地使用英语来实现。比如，教师适当地用英语组织教学，用英语讲解、提问与布置作业等，这样能够使学生感到他们所学的英语是活的语言。教师还可以布置灵活性的作业，让学生在课下也灵活地使用英语，作业的布置并不是随意的，应注重实践能力的培养。

## 四、输入优先原则

### （一）输入优先的理论依据

在英语教学中，输入是指学生通过听和读接触英语语言材料，输出是指学生通过说和写来进行表达。心理语言学研究表明，输出建立在输入的基础之上，那么从这一方面来看，输入是第一性的，输出是第二性的。一些有关第二语言的研究在这方面也有相关的理论支持。如埃利斯（Rod Ellis）在他的著作《第二语言习得概论》中，总结了第二语言习得（外语学习）中对待语言输入的行为主义、先天论和相互作用的三种观点：

第一，行为主义的理论强调外部条件，它将语言视为一种人类行为，并认为语言行为与其他行为一样是通过习惯养成而获得的，而习惯需要外部语言输入对学习者的刺激才能养成。因此，在行为主义学习模式中，语言输入是不可缺少的。

第二，语言学习的先天论与行为主义理论对立。先天论者强调人们天生具有学习语言的能力，而行为主义者强调的则是外部环境对语言学习的作用。虽然先天论者是通过人的内在结构研究语言习得的，但语言输入也起着关键性的作用，没有语言输入，语言习得机制就不能被激活，也就无法实现语言习得。因此，从语言学习先天论者的观点来看，语言输入在语言学习中也是不可缺少的。

第三，相互作用的观点认为，语言习得是学习者心理能力与语言环境相互作用的结果。语言学习者的语言处理加工机制受到语言输入的制约。

综上所述，在英语习得的过程中，语言输入起着十分重要的作用。因此，英语学习的成功与语言输入的量紧密相连。英语教师应该遵循输入优先原则，向学生提供尽可能多的适合他们水平且有效的语言输入。

## （二）有效英语语言输入的特点

美国著名语言教育家克拉申（Stephen D. Krashen）提出了语言学习的监控假说，它是输入优先要求的主要理论依据之一，该理论认为有效的语言输入应具备三个特点：

第一，语言材料应具有可理解性。克拉申认为，如果学生对所输入的语言不能理解，那么这些输入是不能被接受的。

第二，语言材料应具有趣味性。输入的语言材料要能调动学习者的兴趣，要做到这一点，最好把他们的注意力转移到语言的意义上，使他们意识不到自己是在学外语。

第三，语言材料应具有足够的输入量。目前的外语教学对于语言输入量的重要性认识不到位。实际上，要使学习者实现对一个新句型的理解与掌握，需要数小时的泛读以及大量的讨论才能完成，仅靠几个简单的练习甚至几段语言材料远远不能达到目标。

根据有效的语言输入的特点，教师在英语教学中应该注意从以下几个方面努力：要通过听、读等多种手段，给学生提供尽可能多的、可理解的语言输入，如适合学生英语水平的具有时代特色的读物、声像材料以及贴近学生日常生活和学习的材料等。教师在所呈现的语言材料中，应该打破英语课堂内外的界限，帮助学生扩大语言接触面。在输入形式上也应该多样化，使学生接触到的英语材料形式多样。而且语言的题材和体裁以及内容要广泛，来源要多样化，这样才能使学生接触到大量的不同类型的语言材料。

# 五、循序渐进的原则

## （一）首先开始英语的口语教学，然后逐渐过渡到书面语教学

在英语的口语和书面语两种形式中，位于第一位的是口语，位于第二位的是书面语。首先，从语言发展的历史来看，先有口语后有书面语。人类在几十万年前从学会劳动的

时候起，就开始说话，但是文字却到很晚才出现。口语和书面语的这种历史差别虽然不能对英语学习的顺序起到决定作用，但起码说明口语的需求比书面语的需求出现得早且迫切。其次，口语里出现的词汇比较常见，大都是日常生活用语，句子结构也简单，与书面语比起来更容易学习，而且通过口语的学习，学生可以尽快地获得一定的交际技能以满足日常生活所需。

## （二）在语言技能的培养上，先侧重听说能力，再过渡到读写技能

英语教学中的听说教学能使学生掌握正确的语音，学到基本的词汇和基本的句子结构，这些从听说教学中掌握的技能有利于读写能力的培养。英语教学从听开始，也符合中国英语教学的实际情况。在中国，由于语言环境的限制，对于绝大多数学生来说，"听"是他们获取英语知识和纯正的语音语调的唯一途径。而且，也只有掌握了一定的听力技能，才能听懂别人说的英语，学生才能够使用英语进行交际，在英语教学中使用英语进行的交际活动才能顺利进行。因此，在英语教学的基础阶段，教师要尽可能地为学生创造良好的听力环境，让学生在大量的"听"的环境中学习英语，提高英语听力水平，培养英语语感。在英语教学中，教师可以结合听的内容，循序渐进地培养学生的口语表达能力，而不是让学生机械性地重复英语单词或句子。在英语教学中，努力让学生在一定的情境中学会表达思想，学会使用已经学过的单词和句子，是教师应该努力的方向。听、说、读、写作为英语的四项基本技能必须得到全面的发展，但是在英语学习的初级阶段，教师应从"听、说"开始，着手培养学生良好的听的习惯及说的能力，这样有利于提高学生的素质与培养学生学习英语的兴趣，甚至对改进教学方法等也能够起到一定的作用。

在英语教学中，要使学生掌握一个语言项目不可能通过一次课程就能完成，它需要进行多次的循环，而且这种循环每进行一次都是对前一次的深化。例如，关于名词的单复数问题，在刚开始时只是要求学生知道在英语中名词有单复数形式，然后随着英语学习的深入，逐渐使学生了解规则名词复数变化的规律，最后再掌握不规则名词的复数形式，通过循环往复式的学习，学生就能掌握名词的单复数形式了。而且在具体的英语教

学中，教师应该注意在学生已有的语言知识和已经熟悉的语言技能基础上，讲授新知识、培养新技能，在教授新知识的同时还必须对以前学过的内容进行复习。例如，教师可以利用学过的单词来对新的句型进行讲解，也可以用已经学过的句型来对新的单词进行讲解。

## 六、适当使用母语的原则

### （一）使用母语进行解释

这一要求的提出主要是由于英语学习是在母语习得后进行的学习活动。在英语学习之前，学生已能用母语进行交际，他们的时间、地点以及空间等概念已经形成，学生已学会了用母语来表达这些概念。因此，用一种新的语言来构建概念比较难，而借助于母语中已建立起来的概念，我们只需要教会学生一种新的符号表达形式，就可以使其较快和较好地掌握某些概念。因此，适当地使用母语进行解释能起到清楚、明了和加深印象的效果。当然，虽然不同的语言之间存在着差异，概念在不同语言之间也会存在着差异，但无论如何，母语的适当使用都会起到画龙点睛、突出差异的效果。

适当地使用母语进行英语教学的另外一个好处就是，母语在一定阶段的使用，能使学生更容易理解英语某些结构和规则的特点，能更好地理解教师安排、布置的教学活动的具体做法。而对英语结构和规则的正确理解有利于学生掌握和运用这些结构和规则，透彻地理解教师的指示；同时，也有利于学生充分利用上课的时间进行英语实践，提高英语教学效果。

### （二）通过母语与英语的比较帮助学生理解

母语的适当使用有利于母语与英语的比较，帮助学生更好地理解两种语言各自的特点，从而排除在英语学习过程中出现的母语干扰。

英语学习是个相当复杂的过程，在这一过程中，学生很可能会受母语系统的影响而犯错误。如果教师能在适当的场合，结合英语学习的内容，对于英、汉两种语言在某一结构、某一用法上的差异和特点用母语进行简单讲授，学生通过比较将会了解并明确英、汉两种语言在使用上需要注意的问题，那么他们在使用英语进行交际时，就会刻意避免母语系统给英语使用造成的负面影响，从而提高英语使用的效果。

英、汉两种语言的差异往往会造成学习英语的障碍，成为学习英语的难点。因此，在合适的时候，可以适当使用语法翻译法，来把这些差异说清楚，把难点讲明白，这种做法有利于排除母语对英语学习产生的干扰。比如，在英语应用中，我们会经常看到学生写出用英语形容词作谓语的句子。这种句子很可能是受汉语的影响而产生的，因为汉语的形容词可作谓语，如"我们很快乐"，但英语的形容词在句子中却不能单独作谓语，英语形容词要与动词 be 结合才能作谓语。因此，在讲授英语形容词作表语时，可以把英文句子译成汉语，这样能够让学生清楚而直观地看到英、汉形容词在句法功能方面的差别，避免把汉语形容词的使用规则迁移到英语形容词的用法上。

## 七、语言知识和语言技能平衡的原则

英语语言知识包括语音、词汇、语法三个方面的内容，它们是综合运用英语能力的有机组成部分，是发展语言技能的重要基础。英语语言技能指运用语言的能力，包括听、说、读、写四个方面，这四个方面又可以细分为两类：一是产出型技能，包括说和写；二是接受型技能，包括读和听。语言知识和语言技能并不是对立的，它们都是语言能力的组成部分，二者之间是相互影响、相互促进的关系。首先，语言知识是发展语言技能的基础，如果不掌握或了解一定的英语语音、词汇和语法知识，就不可能发展任何的语言技能。其次，语言知识的学习往往可以通过听、说、读、写活动的过程来感知、体验和获得，可见语言技能对语言知识的发展起着促进作用。在英语教学中，一定要处理好语言知识和语言技能这二者之间的关系，在这个过程中，应重点注意以下两点：

## （一）英语教学中要同时兼顾语言知识与语言技能

语言知识和语言技能作为语言能力的组成部分与英语教学的基本目标，在英语教学中需要同时得到发展。语言知识是语言能力的基础，一些观点认为强调语言能力就可以忽视语言知识，这种观点显然是不正确的。语言的综合能力所包含的内容是多方面的，除了语法知识，还包括社会语言学能力（如该有怎样的行为举止才算得体）、语篇能力（如观察和使用各种衔接和照应手段等）、策略能力（如在交际中遇到困难时使用哪些手段进行解决）。可见，语言综合能力的复杂性包含知识和技能两个方面的内容。我们可以从以下的阐述中来具体理解：

第一，在英语教学中要学习语言知识，其中就包括语法，因为不懂语法，语言能力也就无从谈起。但在学习语法的过程中，要对其有一个正确的认识，学习它不是为了掌握某种理论体系，而是为了正确地使用语言，而且在学习的过程中除了要保证语言的语法规范，还要保证其社会文化规范。

第二，语言能力不仅涉及单个句子，也涉及语篇。英语教学如果仅停留在知识的传授和学习上，就不能很好地完成英语教学的最终目标，合理而正确的做法是把语言知识的学习与语言技能的培养有机地结合起来。语言知识的学习要对提高语言技能水平有利，而在发展语言技能的同时，也不能忽视语言知识的学习，二者要同时兼顾，不可有所偏废。

现在英语教学中盛行交际教学法，它是在批判传统的语法翻译教学法的基础上建立起来的，该教学法在目前应用比较广泛的一个主要原因在于传统的教学方法过分地强调语言知识，尤其是语法的传授，而对语言技能的培养有所忽视。但是，当交际教学法在我国流行的同时，却出现了另外一种现象，就是教师在教学中不敢传授语言知识，害怕那样做会被指责为没有采用交际教学法。显然，只重视语言知识而忽视语言技能的方法是不合理的，但这种把语言知识和语言技能对立起来的做法也是错误的。

## （二）英语教学要重视语言实践活动

传授英语语言知识并不是说要单纯对英语语言知识进行传授讲解，尤其是在基础英语教学阶段，主要通过听、说、读、写等实践活动来学习英语。由此可见，教授语言知识的基本途径是语言技能的训练，通过相关技能训练的实践活动来提高语言知识的运用水平。英语语言知识的教学可采用的方式多种多样，比如观察、提示、分析、对比、归纳、总结等，在进行的过程中要有意识地使多数学生都参与其中，这样不仅可以使学生学到语言知识，还能接受到科学的思维方法的训练。

# 第三节 基础英语教学的构成要素

构成英语教学的基本要素是学生、教师、教材、教法等，如何发挥它们的作用对保证英语教学质量至关重要。下面我们对这几个要素分别进行简要的阐述。

## 一、学生

善于学习英语的学生通常对英语及其相关文化背景知识的兴趣比较浓厚，且有明确的英语学习动机，对说英语的民族及其政治、经济、生活方式、风俗习惯等的态度比较正确而开明，他们对于新鲜事物不但不排斥，大多还很愿意接受，善于琢磨适合自己的学习方法。强烈的学习愿望对于学习效果的取得非常有意义，而喜爱英语比为了考试而学习英语更能激发学生的学习欲望。善于学习的学生对英语学习还有一种负责的态度，他们能够在教师指导下自觉地利用课外时间来学习。具体来说，这类学生具有的特点通常有以下几点：

第一，有长远的学习目标，定下的近期目标往往比目前学习的内容更加深入。很多英语成绩优异的学生在课堂正式开始前,对即将学习的内容就已经比较熟悉了,在课堂上,他们就可以充分与教师和同学进行交流与操练,从而提升自己的英语水平。

第二,善于琢磨有效的学习方法和学习时段。比如有的学生早上记单词、背课文最有效,有的学生睡觉之前记单词、背课文最牢固,有的学生用联想实物的方式更有效,有的学生将相关单词联系起来学习比零零散散地学习更有效等。善于学习的学生总是会探索适合自己的学习技巧。

第三,在课堂上愿意听教师讲解,勤记笔记,愿意反复复习所学单词、短语、句子,甚至是课文。

第四,对于所学的英语语言材料能够大胆运用,勇于冒险,不怕出错,愿意提问,积极发言,对于教师的纠正能够以正确的态度接受,懂得熟能生巧的道理。

第五,善于对课后的学习活动进行安排。知道英语学习如果"三天打鱼,两天晒网",将不利于英语水平的提高,唯有坚持每天听课文录音,跟录音朗读,模仿自己喜欢的语音语调,长久下来才能逐步提高英语水平。

## 二、教师

一位合格的英语教师除了发音纯正,还应具有性格活泼、思维敏捷、语言幽默、态度和蔼、热爱教学等特点。如果授课的教师发音欠佳,可以采用一些方式,如通过经常收听录音带、广播等进行发音上的改进,或者让学生多听发音纯正的单句和课文朗读、对话、故事等,教师在让学生听的过程中可以穿插必要的解释,重复播放某些难懂的关键语句,从而将课堂活动有机地联系在一起。而站在学生的角度来看,他们通常不喜欢沉闷乏味的教师,那么这就要求英语教师在课堂教学中在适当的时候用夸张的声音讲述故事、模仿某种声音,这样能对调动学生的积极性起到一定的作用。有时,课堂上教师可以用英语开友善的玩笑,这样有利于缓和紧张的学习气氛,从而使得学生的潜意识思维得到激发。

一位优秀的英语教师在课堂教学中通常需要注意以下几点：

第一，英语课堂上，教师需要随时注意调整自己的语言运用、提问、反馈的方式。无论采用何种教学方法或策略，教师都需花一定时间对全班讲述、布置、解释各项活动。为了让学生充分理解所讲内容，教师通常运用以下策略：重复话语、降低语速、增加停顿、改变发音、调整措辞、简化语法规则、调整语篇等。通过以上调整，教师的语言输出成为学生所需的可理解输入。提问是教师最常用的教学技巧之一。提问的好处不言而喻，如激发学生的学习兴趣、鼓励学生思考、帮助学生阐明想法、帮助教师检查学生的理解程度、鼓励学生积极参与等。

第二，在英语教学中，教师的讲话对学生习得新的语言结构和词语有利，但是不能以此来占用学生自主练习的时间。比较好的英语课堂，其活动形式通常是多种多样的，而不是每天重复进行几种形式固定不变的教学活动。比较好的英语教师能对课堂活动中出现的新动向进行及时的预测，应变能力也较强，可以巧妙应付课堂上的各种突发事件，使课堂活动丰富有序。

第三，在英语教学中还有一个重要的方面：英语教师要为学生提供学习情况的反馈。有关英语学习的反馈信息有正反之分。英语课堂上教师的反馈可以是多种多样的，如可以是对学生话语的应答，包括赞扬或批评、扩展学生的答案、总结学生的回答、重复学生的回答等。英语课堂上学生语言运用的主要目的是在完成学习任务的同时获取运用英语的交际能力。英语课堂的背景具有特殊性，因此学生在课堂的语言运用中有很多套语，如情景型套语、礼仪型套语、风格型套语、组织应对活动的小套语等。在英语学习的初级阶段，这些套语在很大程度上能够帮助学生获得可理解信息的输入，但随着学生英语水平的提高，教师语言输出的句型会更加多样化。

## 三、教材

在英语教学活动中，教材是为学习服务的。然而，教材一旦确定便是死的，而学生是一直变化着的。而且，任何教材的编写由于编者水平与资料存在局限性，多少都会在一些方面存在缺陷或不足。如果教师单纯地紧扣教材，按部就班教学，把完成教学任务作为目的，而不考虑学生是否能够接受，这样的教学对学生的学习很难起到促进的作用。英语教师在面对不同的教材时应学会处理，要在课堂上及课后询问学生的感受，调整教学进度和方法，一旦发现问题要及时补救。教师在课堂教学过程中经常会遇到的涉及教材问题的情况一般有以下几种：

第一，英语教材难易程度有所不同。有的英语教材偏难，大部分学生在学习时感觉跟不上，仅仅机械地进行操练。这种情况下，教师在教学时应尽量把进度放慢，添加内容接近课文但难度稍小的材料。有的英语教材偏易，大部分学生对于教材中的内容已经熟记于心，课堂气氛虽然活跃，学生交谈的兴致也很高，但在很大程度上只是在对旧的语言知识和技能进行运用或操练，不利于语言能力的发展。此时，教师应该适当添加一点有挑战性的语言材料，使用略高于学生现有水平的词汇、语句、课文及其隐含的结构，使学生能够听懂这些英语材料，但又有一定的挑战性，从而使他们的学习动力得到激发。

第二，英语教材趣味性不强。这一缺点容易对学生，尤其是低龄学生产生不利影响，此时教师应该更加注意添加符合低龄学生心理特征的内容，使乏味的日常生活对话和课文变得生动有趣。尤其在小学英语教学中，课本只是引路材料，把精力花在添加其他材料上并不是在浪费时间和精力。所谓"使用指定教材是正道，使用其他教材或材料是歪门邪道"的说法是没有道理的，因为指定的教材并不一定适合所有学生。

第三，英语教材中的某些交际任务超出学生的日常生活范围。比如在银行办理信用卡或在宾馆登记入住的对话情景，一般小学生都缺乏此类经验或相应的知识背景，那么对于这类交际活动的进行方式也就很难把握。这时教师要想让这类活动顺利进行，应该采用图画、幻灯片、流程图等辅助手段。干巴巴地读课文不但没有趣味，也不能起到促进学生学习的作用。

## 四、教法

英语教学中并没有统一的方法，历史上出现的翻译法、直接法、自觉对比法、听说法、视听法、认知法、功能法等，都曾在课堂教学中发挥过一定的作用。历史证明，没有哪一种教学法在英语教学的应用中是最好的、最有效的。如果总在一个班级的英语教学中采用一成不变的教学法，学生难免会感到乏味，实际上，一堂课也不应该只采用一种教学方法。这些不同的教学法对语言技能的发展各有侧重点，因此不同方法的综合运用有利于学生英语水平的全面发展。

无论采用何种教学方法，学生的语言交际都是课堂教学的出发点。教师要尽量使课堂交际与日常生活实际结合起来，鼓励学生有创造性地、有目的地运用已学的英语语言材料，在新的生活场景中重新对语句进行组织，表达自己的感情。教师应力求使教学过程交际化，但这并不是说只要是交际化的内容都可以运用在课堂中，教材内容应该是选自真实生活的自然交际场景，要适合学生的年龄特征。

## 第四节 基础英语教学的基本环节

一般来说，完整的英语教学由四个环节构成：组织英语教学、检查和复习上次课的内容、讲授新的英语材料，以及布置英语课外作业。下面对这四个构成环节进行详细的阐述。

# 一、组织英语教学

组织教学是整个英语教学过程中的第一个环节。这个环节主要是为了维持安定的课堂秩序,以便于使学生的注意力集中,这样才能使他们排除干扰,安静地、用心地学习,提高学习效率,也能使教学顺利进行。在各级学校的课堂教学中,组织教学的工作都显得非常重要,英语教学也不例外。需要特别注意的是低年级学生,他们年纪小、爱说、爱动,自我控制的能力差,注意力容易分散,这时组织教学工作显得尤其重要。

(一)组织英语教学的原则与步骤

1.组织英语教学的原则

组织教学包括的内容有:教师角色的选择、指令的下达、活动的组织方式、对待精力不集中或无组织无纪律的学生的方式、大班上课的组织方式、对教学步骤的控制方式等。每个教师都必须掌握这些问题的处理方式。下面介绍几项主要的组织英语教学的原则:

(1)交代指令适当

在英语教学中,指令是对学生活动的指导。指令并不是可以随便发布的,它应是简短、清楚的,适当配以演示。而且在下达指令前,教师应保证学生都已将注意力集中在教师的身上,这样才能保证指令发布的有效性。而在另一些状态下,如当状态比较混乱或当学生正忙于手中之事或私自交谈时,不宜发布指令。

在下达活动的指令时要想保证其效果,应做到以下几点:

①注意新旧知识的连接。

②交代活动的相关信息,包括方式、目的、操作步骤、时间、反馈要求等。

③检查学生对指令的理解。

④让学生清楚活动如何开始。

⑤终止指令要清楚,同时教师要对学生的活动做出适当的评价。评价中需要注意的

是要采取有利于培养学生自信心、发现问题并且解决问题能力的方式。

⑥要留出时间供学生提问。

（2）选择适当的英语教学活动参与模式

教学活动的载体是课堂内的参与活动，而参与模式决定着学生参与的程度。常见的参与模式有全班集体活动、同伴活动、小组活动和个人活动四种。采用什么样的模式应视学习内容而定。但是，参与模式应满足学生动手、动口的需求，因为学生通过参与和做事来学习，而不是通过单纯听讲来学习。为使更多的学生参与英语教学活动，一般的主要活动模式是同伴活动或小组活动，并在活动中经常变换伙伴，以达到使多数学生参与活动的目的。

（3）合理控制英语教学活动时间和参与人员

一般在英语教学中开展的活动都会有时间限定，如果学生未能在规定的时间内完成任务，教师视情况可让其继续或停止。如果让他们继续进行活动，则应明确时间界限，但在进行之前应首先了解清楚学生完成的情况，不能按时完成的原因也要了解清楚。

在完成活动的过程中，由于学生语言水平不一，完成同一任务所需时间也会不等。有的学生能提前完成任务，而有的却可能拖延时间。对于提前完成任务的学生，如果教师不给其安排其他活动，他们就会无事可做，有可能影响其他学生，甚至对活动失去兴趣，影响以后的教学效果。在这种情况下，教师可以通过以下安排来控制参与人员的学习进度：

①给提前完成任务的学生分配额外的活动任务。例如可以将提前完成任务的小组组织在一起，对照检查任务完成的情况，这就是一种额外活动的安排。

②将提前完成任务的学生编到未完成任务的小组内。

（4）合理摆放英语教学座次

座次的摆放对教学活动的组织影响很大。固定的座次不利于同伴活动和小组活动的开展，但活动的桌椅如摆放不合适也对活动的组织不利。

## 2.组织英语教学的步骤

组织教学这个环节是上课的开始,也贯穿于整个教学过程中。具体来说,就是在上课的过程中,教师应随时注意组织学生专心积极地参与教学活动,以保证英语教学的效果。一般包括以下内容:

第一,师生相互问好,以便把学生的注意力吸引到教师身上来。

第二,教师登记学生缺勤情况,以便日后为他们补习英语课程。

第三,值日生报告。

第四,宣布本节课授课内容和目的,把学生的注意力引到学习上来,并开始讲课。

上面四点中,值日生报告需要注意以下几点:

首先,值日生报告由学生轮流进行,并不固定为某一个学生。当天值日生自由选题讲 2~3 分钟。教师边听边记录学生的错误,学生讲完后,将学生讲错的地方写在黑板上,以供学生改正。

其次,学生在准备值日生报告时可以事先将报告内容写成文章。这一做法在某种意义上可以作为作文练习的补充。此外,也可以作为一种个别指导的重要机会,这种机会在平时是很少有的。通过板书来纠正学生的错误,不仅对值日生,而且对其他学生来说,都有利于避免他们犯类似的错误。

最后,要注意值日生报告的时间不要拖得太长。值日生报告总共所花时间(包括纠错在内)最好不要超过 10 分钟。如果时间充裕,也可以由教师补充一些与值日生报告题目有关的内容。

### (二)组织英语教学需注意的问题

#### 1.对组织英语教学要有正确的认识

谈到英语教学中的组织教学,很多人对其的认识都存在误区,主要表现在以下两个方面:

第一,认为英语组织教学只是在课堂教学开始时进行,而且也就几分钟,其实整堂课都要随时注意组织教学,才能保证整堂课的顺利进行。

第二，认为英语组织教学就是训斥学生，这种认识显然过于片面，也不准确。

2.组织英语教学中可采用适当的方法

在目前的英语教学中，一些英语教师组织教学的方式就是说教，在实际应用中这并不是最好的方法。其实，只要教师把课堂组织好，循序渐进地进行教学，让学生感到课堂上有收获和进步，他们就会自觉地把注意力集中在英语的学习上。当然，也有一些具体的方法可以遵循。如在组织教学时，教师不断地向学生提出问题，进行引导；在教学过程中，逐步提高对学生的要求，适当高于学生水平的要求有利于使学生经常处于积极状态；可以根据情况适当改变教学方式，以促使学生集中注意力；根据学生的表现，适当地予以表扬、鼓励和批评，其中要以表扬为主，这样有利于增强或保持学生对英语学习的信心。教师只有在英语教学中善于引导，学生才会积极配合，组织教学也才能顺利进行。

## 二、检查和复习上次课的内容

这个环节在保证教学的连续性方面起着重要作用。通过该环节，教师可以了解到教学效果，对教学的进展情况做到心中有数。这个环节在已学内容和教学新内容之间起着桥梁作用，具体来说，是已学内容的延续，是为新内容的学习做的准备。

（一）检查作业

检查作业常和复习巩固前次所学内容结合进行。在检查作业的同时或检查作业之后可以根据发现的问题补充一些练习。这些练习一方面可以巩固深化已学内容，另一方面也可以弥补薄弱环节。检查作业包括前次上课留的口头和笔头作业。笔头作业一般收齐后由教师带走在课后进行批改。口头作业常采用口头形式来检查，因为口头形式比较灵活，方式多样，在课堂中可以包括听、说、读、写等多种实践活动。另外，口头作业的检查也可以口头形式为主，辅以笔头形式。譬如在全班进行口头造句时，可要求 2~3 个学生到黑板上造句，这样有利于比较全面地发现问题。其实，检查作业也可以说是辅导学生的常规方式。通过检查学生的作业，教师可以及时发现学生在学习中存在的问题，然后才能在课堂中有针对性地予以解决。而不同的检查方式所产生的作用也是不同的。

第一，英语课堂上集中核对学生的作业答案，可以有针对性地对典型错误进行讲评，使学生相互借鉴。

第二，英语教师对所有学生的作业进行详细检查，可以对每个学生的学习情况都有所了解，以便有针对性地解决问题。

第三，英语教师安排学生相互检查作业，不仅对提升学生的英语水平有利，还可以培养学生发现问题的能力。

第四，英语教师当面检查学生的作业，可以对存在问题的学生进行个别辅导，便于提升班级整体的英语水平。

在检查作业的过程中，不管是口头作业还是笔头作业，教师与学生之间都在进行着交流。在这个过程中，如果发现学生的问题，教师要实事求是地指出，同时可以帮助学生解决一部分问题，鼓励学生自行解决一部分问题，在解决问题的同时锻炼学生自主学习的能力。需要注意的是，在上交的笔头作业中，教师一般都要写评语，这时，不能什么话都写，比如打击学生的话语就不能写。

### （二）提问

对于检查和复习时进行的提问，英语教师对学生的回答可以进行评分，以作为平时成绩的记载。提问有两种，即个别提问和全班提问。提问时一般先对全班发问，后叫个别学生回答。在提问时主要有两个方面的问题需要注意：

第一，提问的项目分量要小，形式要短小简单，化整为零，以便使更多的学生参与其中。提问要有普遍性，最好能够遍布全班级，不要仅集中在几个学生身上。

第二，在提问时要对差生给予更多的关注。在英语教学中，由于各种原因，总会出现一些差生，对于这些学生，教师需要对其进行必要的教学辅导，才能使其更好地配合英语教学。例如在英语课堂中多给成绩较差的学生回答问题的机会，在刚开始的时候向他们提出较简单的问题,以便增强他们的自信心,然后逐渐向他们提较难的问题,以提高他们的英语水平,最终使他们赶上其他学生。

## 三、讲授新的英语材料

讲授新的英语材料是英语教学的第三个环节。下面从讲授新课的内容以及方法来对这个环节进行详细的阐释。

向学生讲授新的英语材料的目的主要包括两个方面:使学生感知和理解新的英语材料;使学生初步运用新的英语材料。

### (一)使学生感知和理解新的英语材料

在英语教学中,一定要使学生理解所教内容。比如,对于所教的英语单词,要使学生知道它的读音,也要使学生明白单词的意思和用法,这样的词汇积累才是有效的;对于所教的英语句子,要使学生把握句子的读音、声调或书写形式,并明白它的意思;对于所教的英语语法,要使学生了解有关的语法规则及其用法。在讲解时,需要采取一定的方式来进行。比如可借助于实物、模型、图画、手势、动作、表演、情景等,这样直观的表达,有利于使学生把英语句子和单词与它们所表示的事物和概念直接挂钩,便于加深学生对其的理解;可以用英语释义,必要时也可以用汉语释义,使学生最终理解所学内容;还可以用示范或举例的方法来说明,如通过示范发音和朗读,让学生进行模仿;通过列举例句以说明单词或某项语法的意义和用法等。

掌握英语通常是一个理解、记忆、运用的过程,学习新的英语知识是这个过程的开始,也是完成整个过程的基础。教师讲解必须简单扼要、有重点,暂时没有用处的或学生当时不能接受的,一概不讲,这样做的目的是让学生能够先对容易的知识有初步的理解,为下一步深入的讲解做准备。能用图表和实物等直观手段展示的、教科书上有说明的,就不讲或少讲,以提高英语教学效率。在讲解时,通常用谈话方式,常提出启发性的问题,引导学生积极思考,这样有利于学生自主学习能力的提高。在讲解时应通过有效的方法使学生在理解的同时能记住一部分或大部分内容。

## （二）使学生初步运用新的英语材料

在学生理解新的英语材料以后，还要使学生做到初步运用新的英语材料，这样可以加深学生对新材料的理解。初步运用和其他的练习比起来，是最简单的，其主要内容包括朗读、简易的替换练习、复述语法规则、回讲句子或语法的意义、举例说明单词的用法和语法规则等。

要正确看待讲授新的英语材料这个环节包括的两个目的及其关系。理解是一个由浅入深、由不完善到完善的发展过程，在该过程中，理解有助于模仿、操练与应用，而反过来，模仿、操练与应用又能加深理解。知其然与知其所以然都是理解。对模仿来说，知其然是完全必要的。而对于初学英语的人，特别是年龄较小的学生，由于所学的英语知识有限，知其所以然的目标对于他们来说有时就很难做到。但经过一个阶段的模仿、操练和应用后，随着学生学习英语材料的增多，在适当的时候，在英语教师的引导下，很多学生都能够从掌握的感性材料里得出理性的认识，做到知其所以然，有助于学习效果和质量的进一步提高。因此，对于理解、模仿、操练、应用之间的关系应当辩证地看待，并根据实际需要恰当地处理它们的关系，以帮助学生理解与初步运用所学的新材料。

## 四、布置英语课外作业

布置课外作业是英语教学的第四个环节。教师在英语课堂快结束时要根据教学的目的和课堂教学情况，给学生布置作业，以巩固和发展课堂教学的成果。通过布置课外作业，教师可以指导学生课下学习的内容和方法，这能给学生带来很多积极影响，比如有利于学生充分利用课后学习时间，培养学生良好的学习习惯等。尤其是低年级学生，他们比较缺乏自制力和学习经验，布置课外作业对他们显得更加重要。但英语教师在布置课外作业时也不可盲目或随意，否则很容易给学生带来学习上的负担，教师应清楚，合理的课外作业在英语教学中能起到良好的辅助作用。比如课堂上学生在某个方面表现得弱些，可以有目的地适当布置一些相应的练习题，以弥补弱点；课堂上如果口语练习做得比较多，笔头练习相对做得少，那么可以多布置一些笔头的作业，以弥补笔头练习的欠缺。

该环节使英语教学延续到课外，可以起到巩固和提高教学效果的作用，有时也能起到为下次课做好必要准备的作用。教师要想使课外作业达到预期的效果，应注意以下几个方面：

第一，说明作业的目的和方法，如果作业是一种比较新的形式，教师要在课堂上做示范。

第二，分量适当，不给学生增加过多的学习负担，也不能时有时无、时多时少。

第三，体现教师讲课的重点和难点，通过课外作业的练习，帮助学生进一步掌握这些重点和难点。

第四，难度适当。

# 第二章　基础英语教学的理论基础

## 第一节　建构主义教学理论

### 一、建构主义理论概述

让·皮亚杰（Jean Piaget）和列夫·维果茨基（Lev Vygotsky）是20世纪最早研究建构主义教学理论的两位心理学家，图式、同化、顺应、平衡是该理论的几个重要概念。

皮亚杰关于建构主义的基本观点是，学习是一个双向交互作用的过程，一个人的原有知识与新接收到的信息之间出现的非平衡情况是学习发生的前提。当新的信息与个人原有知识之间的交互作用以同化或顺应的方式进行时，学习便发生了。而作为学习的结果，原有的认知图式得到了充实或被填入了新的内容。同化和顺应是皮亚杰建构主义理论的两个重要概念。同化就是把外界的信息纳入已有的图式，使图式不断扩大；顺应则是当环境发生变化时，原有的图式不能再同化新信息，而必须通过调整、改造才能建立新的图式。维果茨基提出了"文化-历史发展理论"和"最近发展区"的概念。在他看来，个体的学习是在一定的历史、社会文化背景下进行的，社会可以为个体的学习和发展提供重要的支持。个体自我的可能发展水平和与人协作并受到他人指导的可能发展水平之间存在着某种差距，这种差距被定义为"最近发展区"。皮亚杰的建构主义理论、维果茨基的"文化-历史发展理论"和"最近发展区"概念是建构主义的主要理论基础。

基于建构主义理论的教学观，其核心内涵强调"学"，强调以学生为中心，强调学生对知识的主动探索和主动建构。这与传统的以教师为中心，强调"教"的教学观有本质的区别。建构主义理论也是任务型教学、辩论教学的重要理论基础。建构主义理论认为，学习是社会合作活动，知识是由自己构建的，而不是由他人传递的。这种学习发生在与他人交往的环境中，是社会互动的结果。它强调学习者从自身经验背景出发，建构对客观事物的主观理解，重视学习过程，反对对现成知识的简单接受，强调人的学习与发展发生在与其他人的交往和互动之中。教学应该在有意义的情境中进行，而最理想的情境是所学的知识可以得到运用的情境。建构主义理论支持下的任务型语言教学主张学习过程应充满真实的个人意义，要求英语教师发挥积极作用，促进学习者的全面发展。

建构主义教学理论认为情境、协作、会话和意义建构是学习环境中的四大要素或四大属性。

①情境：学习环境中的情境必须有利于学生对所学内容的意义进行建构，这就对教学设计提出了新的要求。也就是说，在建构主义学习环境下，教学设计不仅要考虑教学目标，还要考虑有利于学生建构有意义情境的创设问题，并把情境创设作为教学设计的重要内容之一。

②协作：协作贯穿学习者学习过程的始终，协作对学习资料的搜集与分析、假设的提出与验证、学习成果的评价及意义的最终建构均有重要作用。

③会话：会话是协作过程中不可缺少的环节。学习小组成员之间必须通过会话商讨如何完成学习任务。此外，协作学习过程也是会话过程。在此过程中，每个学习者的思维成果（智慧）为整个学习群体所共享，因此会话是意义建构的重要手段之一。

④意义建构：这是整个学习过程的最终目标，所要建构的意义是指事物的性质、规律以及事物之间的内在联系。教师在学习过程中帮助学生建构意义就是要帮助学生对当前学习内容所反映事物的性质、规律，以及该事物与其他事物之间的内在联系有较深刻的理解。这种理解在大脑中的长期存储形式就是前面提到的图式，也就是学生对当前所学内容的认知。

获得知识的多少取决于学习者根据自身经验去建构有关知识的意义的能力，而不是取决于学习者记忆和背诵教师讲授内容的能力。建构主义作为一种新的学习理论，自20

世纪末以来备受关注,这一理论认为,学习不是由外部到内部的简单转移和传递,真正有效的学习是建立在学习者真正理解的基础上的。学习是学习者主动地建构内部心理表征的过程,学习者在一定情境中借助他人的帮助,利用必要的学习资料,通过意义建构来获取知识,掌握解决问题的程序和方法,优化、完善认知结构,获得自身发展。

建构主义教学理论把教师、学生、任务和环境作为学习所必需的四大要素,强调学生是认知的主体。学生应该认识到自己拥有解决问题的自主权,通过独立探究、合作学习等方式,努力使自己成为知识的积极建构者,逐步提高自学能力,学会自主学习,为终身学习奠定良好的基础。同时,学生不能忽视教师的指导作用,教师是学生学习意义建构的帮助者、促进者、支持者、引导者、评价者,教师要为学生创设良好的学习情境,提供多样化的信息来源。

## 二、建构主义理论在基础英语教学中的运用

英语教学是一种双向活动,既需要教师做领路人,发挥带动、引导作用,又需要学生积极配合,发挥主观能动性。在教学过程中,教师的作用举足轻重。教师作为学生学习活动的组织者和指导者,必须充分发挥引导作用,调动学生的求知欲和学习兴趣,营造浓郁的学习氛围。同时,学生在课堂上需要高度集中精神,积极进入角色。因此,教师在大学英语教学中应注意以下几点:第一,教师在备课时应搜集大量的相关信息,为研究性学习提供基础;第二,在教学活动过程中,教师应利用学生间的交流和伙伴效应,鼓励学生进行深入思考;第三,教师应督促学生记录他们的学习体验和成果。

(一)在问题解决过程中培养学生的自主学习能力

建构主义主张"在问题解决中学习",心理学的研究也表明,发现问题是思维的起点,也是思维的源泉和动力。因此,在课堂教学中,教师应注重激发学生思维的积极性,培养学生的问题意识。此外,教师还要善于挖掘素材,努力创设各种问题情境,鼓励、引导学生多角度、多层次地深入探索问题,用问题启发学生思维,启迪学生智慧,帮

他们不断挑战自我，挑战极限，让他们享受探索问题带来的快乐，从而在探索问题的过程中深入理解知识。

学生学习的过程实际上就是教师设疑、质疑、释疑的过程，是教师教学生学会学习，提高其学习能力的过程，是培养学生创新能力和实践能力的过程。教师要引导学生从不同的角度思考、判断和解决问题，从而使学生在解决问题的过程中学会学习、学会创新。

### （二）以合作学习为主要策略

在建构主义教学过程中，学生的学习不像传统教学观认为的那样，是一种比较"孤立"的个人竞争行为，它主要是通过师生之间、生生之间的相互合作逐渐完成的。在教师的指导、帮助下，学生从这种相互作用中主动开发自己的思维品质，并完成自己在知识意义上的建构活动。教学是在师生交往、互动的过程中完成的。从活动的角度看，教学是教师和学生、学生和学生相互作用、相互影响的结果。在教学过程中，每一个要素都会产生一定的力，但最终影响教学效果的力并不是各要素之力的简单相加，而是各要素间互相配合、互相促进，从而产生的一种"合力"。

### （三）以探究与创新能力作为培养目标

在教学原则以及各种教学方法中，建构主义一再强调对学生探究与创新能力的培养。而传统的教学观基本上否定了学生学习的主动性和积极性，这表现为其把教师作为知识的传授者，把学生当作被动的接受者。建构主义认为，学习者在学习过程中具有主观能动性，学生的学习应该是积极、主动的。在学的意义上，学生是教学的主体，离开学生的积极、主动参与，任何学习都是无效的。而在教的意义上，教师是教学的主体。教师的作用就在于明确学生的主体性，积极利用所有教学资源激发、引导学生发挥主体性，帮助学生学习。建构主义的这一教学目标既有利于学生智力因素的发展，又有利于学生非智力因素的培养。

由此可见，教学不是一个知识传输的过程，而是一个使学生产生稳定的探究心理并积极探究的过程。教学应该把学生所学的知识置于多种具有一定复杂性的问题情景中，或镶嵌于活动背景中，使学生结合自己原有的经验来学习、探究新知识，形成自己对各种问题的观点和见解。

英语阅读能力的提高需要借助多种因素，通过学习者自身积极、主动的学习才能得以实现。建构主义理论重视情境设置、意义建构、协作学习和发挥学生的学习自主性，符合增强英语阅读能力的认知规律。实践证明，教师只有积极为学生创造和提供一定的外部条件，引导学生积极参与，主动建构知识，才能促进学生知识运用能力的提高，培养学生主动学习的精神和创新意识。

## 第二节  语篇分析理论

### 一、语篇分析理论概述

语篇分析理论并不是一个新兴的理论，从20世纪60年代至今，其在英语教学中已经得到了广泛的应用。20世纪80年代中期，国外的一些语言学家提出了语篇教学大纲的设想，很多国内的语言学家将它应用于英语教学的许多方面。英语教学不能局限于教授词汇、句子，而应该注意培养学生语篇分析的能力。近年来，随着大学英语四、六级考试题型的变化，英语教学的侧重点更是向提高学生语篇分析能力的方向倾斜。泽里格·哈里斯（Zellig Harris）曾在《语篇分析》（*Discourse Analysis*）一文中提到，语言不是存在于零散的词或句中的，而是存在于连接着的语篇中的。因此，我们可以得出一个结论，即语篇分析教学的重点应具体地放在语篇意义连贯形式(也称意连)的处理上。

何为语篇分析？不同的语言派别有不同的解释。各个语言学派虽然分别提出过"话语语言学""篇章语法""篇章结构学"和"超句语言学"等术语，但是它们都有一个共同之处，那就是它们都把分析的对象从互不相关的单句扩展到了意思连贯的语段。目前，"语篇分析"基本上取代了其他术语，它是指对比句子更长，以交际为目的的语言段落（包括口头话语和书面语）所作的语言及交际功能的分析，旨在找出带有相似语境的话语系列，并确定其分布规律。换句话说，语篇分析就是分析一段话或文章，以及说话的场合（语境）和文本的语言结构、文化特征、交际方式及语境特征。

## 二、语篇分析理论在基础英语教学中的应用

### （一）语篇分析理论在基础英语听力教学中的应用

利用语篇分析理论帮助学生克服英语听力障碍，进而提高英语听力教学的效果，主要是以功能语法中的第三种纯理论功能为基础的。语篇功能指的是人们在使用语言时怎样把信息组织好，同时厘清一条信息与其他信息之间的关系，而且显示出信息的传递与发话者所处的交际语境之间的关系。一定的语篇有一定的语篇结构，它是该语篇的整体构造，而这一构造是由与构成该语篇的实际情景相关的语境变元组成的，同一类语篇结构具有大致相同的语境变元。

听的过程是一个寻求意义、预测、证实和排除预测的过程。听者运用已有的知识、经验去搜索语篇信息，并利用已得的信息对语篇的内容进行猜测。学生在听力中遇到的主要障碍是在听的过程中和答题过程中不能最大限度地利用已掌握的信息，达到理想的理解状态。教师应努力通过各种途径来帮助学生提高听力技能，以语篇所具有的语篇特征为依托，充分发挥语篇分析的优势，培养学生利用听力获取、理解正确信息的能力。学生在听英语时往往有先翻译、再理解的倾向，大脑忙于处理上一段信息而错过了下一段信息，此时教师应帮助学生克服精神紧张和焦虑情绪，帮助学生树立利用语篇信息来理解整个听力语篇的信心。最为重要的是，教师在教学中应注意培养学生的语篇意识，让学生明白以下几点：第一，听不懂部分内容是难免的，听力再好的人也没有把握听懂百分之百的内容，所以不用着急；第二，这一部分的信息完全有可能在语篇的其他地方以别的形式再次出现，而且可以根据上下文作出合理的推测；第

三,没有听懂的部分很可能是一个辅助要素,不一定会影响自己对整个语篇的理解。

另外,教师在听力训练后对所听语篇内容的总结也很重要。学生可以通过这种总结明白,推测失误的症结在于对语境变元的了解不够充分。另外,这种形式能使学生在遇到相似语境时更好地进行推测。

### (二)语篇分析理论在基础英语读、写教学中的应用

传统英语教学注重对阅读材料的语法分析,逐字逐句讲解,逐句逐段翻译,其结果是"只见树木不见森林",影响了学生对文章的整体理解。在这样的教学过程中,学生能够就重点词汇、短语和句子正确回答问题,却不了解整篇文章的框架结构、篇章连接方法,不能概括文章大意,不能对类似问题举一反三。在语篇分析理论的指导下,基础英语阅读教学不应将语言分析抽离于背景知识和文体之外。在讲授阅读语篇之前,教师应当通过问题导入、小组讨论等课堂活动激活学生脑海中相关知识的旧图式,并在此基础上补充信息。在学生激活并补充旧图式之后,教师可依据文章内容制作出流程图、架构图、提示卡等,辅助学生进行理解。

语篇分析理论对基础英语写作教学的影响主要体现在书信上。书信语篇有着较为固定的模式,例如,在商务英语中,书信的书写格式为"目的—情况—行动"。第一段开门见山,点出该书信的目的和作用;中间段落阐述原因;最后一段或者几段阐明应当采取的行动,例如请求、同意或者不同意等。为了达到此目的,在语言上崇尚简明扼要、文体合理,强调信息的有效传达。因此,教师在教学中应当强调书信格式的规范化和图式化。

# 第三节 人本主义教学理论

人本主义教学理论是现代西方的一种重要的教育思潮,它和人本主义心理学相结合,形成了一种以学生为中心,以发展学生自我潜能和价值为目标的人本主义教育观。这一理论在 20 世纪 80 年代被提出,以"完整的人"的发展为最基本的价值取向。自我以及自我实现是该理论的核心概念,它体现为教育思想对人性的回归,以及对学习者情感因素的重视。

## 一、人本主义教学理论概述

### (一)人本主义教学理论的提出

人本主义心理学是 20 世纪在美国兴起的一种心理学思潮,其主要代表人物是亚伯拉罕·哈罗德·马斯洛(Abraham Harold Maslow)和卡尔·兰塞姆·罗杰斯(Carl Ransom Rogers)。人本主义学习观与教学观深刻地影响了世界范围内的教育改革。人本主义教学观是在人本主义学习观的基础上形成并发展起来的。崇尚人本主义的相关学者认为,人是自然实体而非社会实体,人性来自自然,自然人性即人的本性。他们的共同观点是每一个人都具有发展自己潜力的能力和动力,行为和学习是知觉的产物,一个人的大多数行为都是他对自己看法的结果。真正的学习经验能够使学习者发现他自己的独特品质,发现自己作为一个人的特征。从这个意义上说,学习者的学习过程是自我完善的过程。

### (二)人本主义教学理论的基本理念

#### 1.人是个性充分发展的人

罗杰斯在人本主义的"性善论""潜在论"和"价值论"的基础上,多次明确提出了有关教育目标的观点。他认为,教育应该把学生培养成富有灵活性、适应性和创造性的人，教育应该注重培养具有主动性、独立性和创造性的人。概括地说，罗杰斯认为，教育所培养出来的人应该是个性充分发展的人，这种人具有主动性和责任感，具有灵活地适应变化的能力，是自主发展的人，能够实现自我价值。

人本主义教学理论秉承马斯洛等人的"自我实现"理论，认为教育要真正关照人的终极成长，促进人的自我实现，培养完整人格。因此，人本主义始终关注的是人的整体发展，尤其是人的内心生活的丰富和发展，即人的情感、精神和价值观念的发展。人本主义教学理论的教育目标是促进整体的人的变化，其追求是培养独特而完整的人格。

人本主义强调教育的目的不仅是传授知识，更重要的是塑造完整的人格。因此，作为培养人才的专门机构的学校，其人才培养目标应该是：培养能从事自发的活动并对这些活动负责的人，能理智地选择和制定策略的人，能获得有关解决问题的能力的人，能灵活和理智地适应新的问题情境的人，能自由地和创造性地运用有关经验灵活处理各种问题的人，能在各种活动中有效地与他人合作的人。

2.学生是教学的中心

人人都有自我实现的成长倾向和需要，所以，人不仅要维持自己的现状，还要发展自己。每个学生都具备解决自身问题的能力和动机，因此，教师的任务是营造教育氛围，运用有效的方法去调动学生解决自身问题的能力，帮助他们重新认识自己、评价自己。人本主义教育思想提倡给学生无条件的积极关注，提倡从一开始就营造并维持一种没有威胁感的、可以降低焦虑感的学习氛围，提倡教育中的"非指导性"。只有这样，教师才能有效地帮助学生勇敢地面对自身的感受，自由地表达自己真实的生活体验，并对自己的成长负责。

### （三）人本主义教学理论倡导的教学模式

罗杰斯将心理咨询的方法移植到教学中，提出了非指导性的教学模式。他极力批判传统教学模式将教师和书本置于教学活动核心位置的做法，认为这种方式只能使学生成为教育的"附属品"。在罗杰斯看来，教学活动应把学生放在中心位置，把学生的"自我发展"看作教学的根本要求，所有的教学活动不仅要满足"自我发展"的需要，而且要围绕着"自我发展"进行。基于这种认识，罗杰斯提出"非指导性教学"的相关理论，倡导教师在课堂中营造一种良好的氛围，围绕着个人的发展目标和小组的发展目标进行教学。由此可见，非指导性教学并不完全站在传统教学的对立面，只不过强调了传统教学忽略的而确实对学生发展有利的方面。非指导性教学理论改变了传统的师生关系，拓展了教学研究的视野。罗杰斯倡导过程哲学观，反对任何固定、僵化、一成不变的教学方式，虽然他从未明确和系统地描述过非指导性教学的方法，但我们从其基本理论中还是可以发现"非指导性教学"的实施策略。

第一，教师应对自己坚信不疑，应对学生的独立思考及自学能力充满信心。

第二，教师应同其他人共同担负起教学责任，课程计划、教学管理、经费预算、政策制定等都应是一个教学小组的共同责任。

第三，教师应为学生提供学习资料。

第四，学生可以探索自己感兴趣的问题，在探索的过程中，可以自由选择自己的学习方法，据此形成自己的学习计划。

第五，营造一种有利于学习的氛围。

第六，学生的重心应集中在对学习过程的把握上，学习内容虽然重要，但却是第二位的。

第七，强调自我训练，学生应独立完成自己的训练任务。

第八，重视自我评价，同时，小组成员或教师的反馈信息也会影响学生的自我评价。

## （四）人本主义教学理论倡导的师生关系

罗杰斯认为教师的角色不应是传统意义上的主导者，而应是促进者。他认为教师的作用主要表现在以下几个方面：一是帮助学生引出并看清问题；二是帮助学生搜集学习材料，组织更丰富多彩的学习活动；三是作为一种灵活的资源为学生提供服务；四是作为学习的参与者参与活动；五是主动与小组成员分享自己的感受。罗杰斯认为，教师要发挥促进者的作用，应处理好与学生之间的关系。因此，教师应注意以下几点：一是真诚。教师必须去掉"面具"，与学生坦诚相见，畅所欲言，不要有任何的掩饰。二是接受。教师应分担学生遇到问题时产生的痛苦和压力,分享学生取得进步时产生的喜悦和快乐。三是理解。作为促进者,教师需要站在学生的角度去体会和了解学生的内心感受,而不是用教师的标准审视学生的一切。

### (五)人本主义教学理论倡导有意义的学习

**1.学习是人类的天性**

人天生就有好奇心,有寻求知识、真理、智慧,以及探索秘密的欲望。学习者的整个学习过程就是自我发展与实现的过程,这不仅是学习和教育的价值所在,从更广的意义上说也是生命的价值所在。只要有一个良好的学习环境,学习者就可以凭借自身的资源自动地完成学习。罗杰斯认为,每个人生来就有学习的动力,并能明确自己的学习需求,学生做不到这一点是因为受到了学校和社会的束缚。

**2.有意义的学习是人类真正的学习**

学习分为两类。一类是无意义的学习,这种学习只涉及心智,是一种"在颈部以上"的学习,与个人的情感无关,与完整的人无关。另一类学习是有意义的学习,这种学习不是指那种只涉及事实累积的学习,而是指一种使个体的行为、态度、个性发生重大变化的学习。这不再是和情感对立的认知学习,也不仅仅是一种增长知识的学习,而是一种与每个人各部分经验都融合在一起的学习。罗杰斯认为有意义的学习包括以下四个方面的内容。

第一,学习具有个人参与的性质,即整个人(包括情感和认知两方面)都投入学习活动中。

第二,学习是自我发起的,即便在推动力或刺激来自外界时,也要求学习者发现、获得、掌握和领会的感受是来自内部的。

第三,学习是渗透性的,也就是说,它会使学习者的行为、态度乃至个性都发生变化。

第四,学习是由学习者自我评价的,因为学习者最清楚这种学习是否能满足自己的需要,是否有助于自己了解想要知道的东西。

## （六）人本主义教学理论中的教学评价模式

在"完整人格意义学习"理论的基础上，人本主义教学理论建立了自己的教学评价模式。有意义的学习反对以考试和考核为主的外部评价，提倡自我评价，认为这是发展学生独立性的先决条件。这种评价的作用是让学生为自己的学习承担责任，使学生更加主动、有效和持久地学习，使学生主动参与学习和评价过程。这种评价没有固定的模式，主要是让学生主动地与自己进行纵向的比较，而不是与别人进行横向的比较。这种纵向的比较有利于学生全面认识自己的过去，正确地定位自己的现状，科学、合理地规划自己的未来。学生可以结合自身的兴趣、个性发展等多种因素对自我进行综合评价，根据评价结果全面地审视自己，从而不断完善自己。

# 二、人本主义教学理论在基础英语教学中的应用

在传统的英语教学中，学生往往机械地记忆一些语法规则、词汇，反复练习一些枯燥的、缺乏真实性的对话或句型。教师是课堂的中心，学生则像是一个容器，充当着被动接受知识的角色。在这种教学模式中，师生之间、同学之间缺乏交流，学生的主动性、创造性被严重遏制，学生的个体差异被忽略，学生的情感因素被抹杀，导致学生的学习效率低下。

因此，为了进一步提高英语教学的质量，教师在重视语言的同时，必须关注学生本身，这恰恰是人本主义教学法的研究重点。人本主义心理学的教育观和学习理论蕴含着丰富的内涵，对当前英语教育教学的研究有着重要的影响。为改革英语教学，相关学者在英语教学观、课堂设计、师生关系等方面都进行了一些探索，提出了一系列英语教学方法。比较著名的英语教学方法包括暗示教学法、社团语言学习法和交际教学法等，都和人本主义教学理念异曲同工。它们都有如下特点：第一，理论依据是心理学而非语言学；第二，学生的情感状态被视为影响学生语言学习的重要方面；第三，深刻理解并认同全人教育的理念，重视缓解学生焦虑、自卑的情绪，帮助其创设富有安全感、能高效

学习英语的环境。人本主义教学法在英语教学中的应用主要有如下几个方面。

## （一）情感因素及其对英语学习的影响

语言学习是一个非常复杂的心理过程，也是人类最为普遍的一种认识活动。因此，语言学习的整个过程必然会受到情感和智力因素的深刻影响。语言学习者的主观态度、学习动机和性格倾向等对英语学习的影响最大。威廉·路易斯·斯特恩（William Louis Stern）提出了影响学习者的情感因素主要有三个，即态度、动机及性格。

1.态度

态度包括：①认知成分，即对某一目标产生的信念；②情感成分，即对某一目标的好恶程度；③意动成分，即对某一目标的行动意向及实际行动。在英语学习中，态度尤为重要。这包括对目的语小组成员的态度、对目的语学习的态度，以及对语言与语言学习的整体态度。如果学习者觉得英语的结构和表达方法新奇，那么对他而言，学习英语就是一个不断发现新鲜事物的过程，是一种乐趣、一种探索；相反，如果学习者对英语表达方式不感兴趣，其英语学习效果就会较差。态度是可以改变的，教师在语言教学中应重视学生的态度问题，通过展现丰富多彩的目的语文化，与学生进行思想和情感上的沟通，改变学生厌学的态度，让学生体会语言学习的乐趣，享受进步和成功的喜悦。这也是人本主义教学理论的重要原则之一。

2.动机

动机是指引起、支持、推动与维持个体活动以满足需求、达到目标的内在动力，是决定行为的内在力量。它具有两层含义：一是对某种活动有明确的目的性，二是为达到该目的而付出努力。加德纳认为，英语习得中被动机驱动的个体有如下表现：首先，个体表现出指向性行为，语言学习总是指向一定的学习目标；其次，个体为满足需求，实现预期目标而付出努力。许多心理学家指出，动机在学习中是一个很有效能的因素，能够大大促进学习者的学习。

动机一般可以分为两类：工具型动机与融入型动机。前者指个体学习目的语，更多地强调该语言的有用性和实用价值，借助对语言的掌握达到某一特定的目的（如找工作、阅读外国报纸、通过考试等）。后者指个体对目的语社区的成员与文化有一种崇敬感，渴望与他们交流，并了解他们的风土人情、生活方式等。因此，教师应该了解学生的动机，并帮助其形成稳定的、持久的学习动机。

3.性格

性格是一个人表现在对现实的态度和行为方式上的比较稳定但又可变的心理特征，是个性最重要的组成部分。一般认为外向型学习者在英语学习方面占据优势。因为他们都比较善于社交，有着较强的人际交往技巧，同时，社交能够帮助他们得到更多的练习机会，获取更多的语言信息。传统意义上的优秀学生一般也都具备外向型的性格特征，如在课堂上积极回答问题，善于与教师、同学沟通交流等，教师也对具有这些特点的学生表现出明显的偏爱。调查结果显示，在英语综合能力上，性格内向者与外向者不分上下，其中，在听写方面外向者占有较大优势，而在完形填空、阅读理解、词汇、语法方面，内向者则占有较大优势。因此，教师不应因学生性格不同而对其产生偏爱或不满的情绪，而应该尊重他们，对性格内向和外向的学生一视同仁，因材施教，使其扬长避短，并培养其自信心、进取心，从而更加有效地进行英语学习。

情感因素作为影响学习者英语学习的一个重要因素，越来越受到语言学家和英语教师的重视。它在语言学习过程中起着定向、调节、强化的作用，直接参与语言教与学的过程，影响着语言教学质量和学习者智力水平的发展。情感因素的三个组成部分——态度、动机、性格，在学习者的英语学习中起着至关重要的作用。正确的学习态度、明确的学习动机、积极的性格倾向无疑会帮助学习者更为有效地进行英语学习。因此，坚持人本主义教学理论，必须给予学习者足够的情感尊重与重视，使情感因素在语言学习中起到积极的促进作用，从而形成轻松的英语教学氛围。

（二）消除学习者的心理障碍

英语教学中常见的心理障碍有外语交际畏惧、负面评价焦虑、挫折心理等。交际畏惧指的是个人对他人的真实或预期交际产生的恐惧或者焦虑，典型的交际畏惧的行为模式是交际回避或者退缩。交际畏惧者在介入他人的会话以及进行社交方面显得更加勉强。对英语能力自我评估低的学生容易出现较高程度的外语交际畏惧。负面评价焦虑是指学生对他人的评价有畏惧感，对负面评价产生沮丧心理，以及担心别人会对自己做出负面评价的预期心理。对自己今后成绩或成就期望过低的人，在人际交往及完成任务的过程中会产生自己不如别人的感觉，而这种经常性的提醒会影响个体自尊需要的满足，挫伤其自尊心和自信心，使其在活动开始前就产生比较明显的焦虑。挫折心理是指学生在进行有目的的行动的过程中，遇到难以克服的困难和干扰，导致个人需要不能得到满足而产生的一种消极的情绪状态。学生在学习英语时，想讲讲不出，想听听不懂，因此，常常产生挫折感。

英语教师要善于运用心理学的原理，探索和研究英语教学过程中有效的教学方法，改变教学评价方式，尽量运用形成性教学评价，从学生发展、提高的角度来看待学生的成绩，建立融洽的师生关系。

罗杰斯的人本主义心理学十分重视师生关系的作用，师生关系融洽能产生皮格马利翁效应，形成积极的情感体验和良好的学习环境。高层次融洽的师生关系是在相互理解的基础上产生的，促进师生相互理解的有效途径是心理换位和心理相容。心理换位是指教师、学生各自站在对方的心理位置去认识、体验和思考。心理相容是指师生在心理上彼此接受、容纳对方。通过心理换位和心理相容，师生在相互理解的基础上产生情感共鸣，课堂教学气氛轻松愉快，师生配合默契，教师才能顺利地完成教学任务。

### （三）人本主义教学理论在基础英语口语教学中的运用

要想创新当前的英语口语教学，就要发挥人本主义教学理论良好的指导作用。人本主义教学理论是我国学者研究切实可行的教学方式的有力依据。人本主义教学理论对英语教师的要求主要有以下几点。

#### 1. 选择优质教材，设置课堂情景

英语教师在英语课堂上应该创造最佳的口语环境，使学生充分表达自己的想法，提高其英语口语能力。教师应以学生为主体，考虑学生的学习需求，使学生充分利用学到的英语知识解决现实问题。为了使学生学到他们感兴趣的知识，教师在选择教材前应该

先调查学生的共同需求，真正把学生当作教学主体，了解学生的学习目标、所持态度，以及他们感兴趣的内容，从而根据综合情况选择英语教材。适合英语口语教学的教材内容应该是贴近英语语境的，应该是可以使学生置身于交际情景的，这样才可以帮助学生摆脱古板的英语课堂，使他们在英语环境中真正发挥自己的潜能。

教师在教学过程中可以设置"口语情景"环节，随机设置英语口语情景，为学生分配角色，并且不固定情节发展走向，使学生充分利用其所学英语知识，将知识融进现实情景。同时，在"口语情景"进行过程中，教师可以发现并帮助学生走出英语口语的误区。这样的情景设置既可以营造轻松、快乐的课堂氛围，使学生感受到乐趣，又可以提高学生的口语运用能力。

2.建立学生自主选择课堂的教学模式

英语口语课程的统一规划非常重要。每个学生的基础知识、语言能力、思维模式和英语语感都不尽相同，教师应该根据每个学生的特点，运用具有可操作性的教学方法，这样更符合人本主义教育思想。例如，可以变更大学英语口语教学的选课模式，让学生自主选择教师，体验每一位教师的教学方法，感受不同教师的课堂氛围。选择教师后，学生可以对教师的课堂内容提出意见。在不影响正常英语教学的情况下，教师合理采用学生的意见，在课堂上讲授学生自主选择的教学内容，这样能充分尊重学生的选择，并且提高学生学习的积极性。因为课程内容是学生自主选择的，所以学生对课堂教学具有极大的热情，这在一定程度上也能提高英语课堂的教学质量。学生自主选择的教学方式是基于人本主义教学理论确定的，方便教师从根本上挖掘学生的潜力和创新能力。在这样的教学过程中，教师是学生学习的指导者和推动者，学生是英语课堂的中心，教师的教学随着学生的兴趣而不断改变。

3.建立良好的师生关系，促进学生学习

教师要想保证教学质量，同时带动学生的积极性和创造性，就要与学生进行有效的沟通，通过观察、交谈或调查来了解学生的兴趣爱好，为学生制定个性化的教学方案，使学生感受到教师的尊重和关爱。

在学生的学习过程中，教师的作用非常重要，教师的耐心引导和充分理解会使学生的心理产生变化。在学生学习热情高涨时，教师予以更多的指导和关注可以帮助学生提高创新能力，使学生更积极地汲取知识养分；在学生遇到困难的时候，教师给予学生理解和帮助，在解决问题后对其给予赞扬，可以使学生感受到教师的善意、关怀，使学生重拾自信，同时使学生坚定信念。教师适时地赞扬学生可以促进良好的师生关系的形成，可以最大限度地调动学生的学习积极性，从而使教师成功开展英语教学工作。

# 第三章　基础英语教学教学法

## 第一节　传统教学法

### 一、语法翻译法

16 世纪之前，拉丁语作为欧洲各国的官方语言，不仅用于教育、商务和政府公务等领域，也用于日常的口语交际。然而到了 16 世纪，随着罗马帝国的衰落，法语、意大利语和英语取代了拉丁语的地位，开始逐渐成为通用语言。拉丁语虽然不再是一门"活"的语言，但成为欧洲学校中的一门重要课程。16 世纪至 18 世纪的英国开设有"文法学校"，学生要接受严格的拉丁文法训练，背诵语法规则、变位和词形变化，并且借助双语对照的语篇进行翻译和写作练习。具备一定的基础知识之后，学生就进一步学习高级语法知识和修辞知识。拉丁语的学习被认为是训练推理能力及观察、比较和综合能力的良好方式，有助于训练学生的心智，培养其人文素质。18 世纪，英语、法语等现代语言作为外语进入欧洲学校之后，人们自然而然地沿用了教授拉丁文的方法。这种教学法因比较重视语法、阅读和翻译，被人们称为"语法翻译法"，它也是世界上使用时间最长、影响范围最广的一种教学法。

语法翻译法的语言学基础是萌芽于 18 世纪晚期，盛行于 19 世纪的历史比较语言学。历史比较语言学主要研究语言的发展史，通过比较各种不同时期的语言在语音、词形、曲折变化、语法结构上的相同点来建立语言谱系，考察语言和民族心理的关系。

语法翻译法的心理学基础是 18 世纪形成于德国的官能心理学。官能心理学认为，各种官能（如记忆力、理解力等）可以相互分离，单独地加以训练和培养。背诵无意义的复杂的语言形式能发展记忆能力，进行繁杂的语法训练可以发展心智。因此，语法翻译法主张在外语教学中通过死记硬背语法知识来发展学生的思维能力，磨炼学生的意志。

语法翻译法的教学目标是教会学生阅读和欣赏经典著作，通过对目的语的语法分析和翻译来更好地了解本族语。教材围绕语法知识进行组织和编写，每一单元包括一篇外语文章和一个双语对照生词表，教材使用本族语解释课文中出现的语法知识点、练习题（翻译或关于语法知识点的问答题）。课堂上，教师利用大量时间讲解语法，偶尔让学生做翻译练习，大声朗读课文并解释所读内容。在这一教学过程中，掌握口语不是外语学习的目标，口语练习通常指大声朗读单词、句子或段落。翻译练习所用的句子是为了体现语法规则而生造的。

总的来说，语法翻译法有以下几个特点。

### （一）重视语法教学

学生先学习和每一单元的课文相关的语法规则，背双语对照生词表。语法教学采用演绎法，大量而细致地讲解语法规则，然后在阅读和翻译练习中引导学生理解、运用、巩固语法规则。

### （二）重视语言对比

在教学过程中，要对目的语和本族语进行词汇、语法、结构等方面的比较。外语教学的目的是实现两种语言之间的转换，必要的时候可借助词典。翻译是检验学生掌握的语法规则和阅读能力的重要手段。

### （三）重读写，轻听说

语法翻译法把口语和书面语分离开来，认为外语学习的目标是阅读经典，开发心智，所以培养"读写"能力是教学的主要内容。教师通常重视阅读能力的培养，忽视听说能力的训练和语言技能的培养。

### （四）充分利用本族语

通常，教师用本族语组织教学，用本族语讲解语法规则。课堂上的主要活动是对语法规则的系统讲解和对课文句子的翻译。

由上述特点可以看出，语法翻译法的教学效果往往不能令人满意：一些学生虽然经过多年严格的语法翻译训练，在实际交流中却听不懂简单的对话。这种教学法由于过多地依靠本族语，忽视听说能力的培养，忽视学生的认知情感等因素，因而练习形式比较单一，课堂教学气氛沉闷，在现代语言教学史上受到诸多批判。

几乎所有的外语教学研究者都批评过语法翻译法，他们深信一定有更好的教授外语的方法。然而，语法翻译法经受住了近代外语教学改革的冲击，至今仍有广阔的市场。一种教学法能够延续几百年，说明它有诸多的合理性。语法翻译法重视学生的智力因素，重视培养学生的阅读和翻译能力。事实证明，语法翻译法培养出了大批具备阅读和翻译能力的人才。在以培养阅读能力为首要教学目的的情况下，它不失为一种不错的教学方法。

语法翻译法之所以有着较强的生命力，主要得益于它简便易行和适应性强的特点。第一，目标语不流利的教师也可进行大班教学。语法翻译法对教师的外语水平、组织教学的能力、备课授课的负担、教学设备、班级编制等方面的要求较低。因此，在师资和教学设备较差、班级规模大、教师工作量较大或积极性不高的条件下，语法翻译法往往备受青睐。第二，有助于学生的自学。在语法翻译法理念指导下编写的教材可供学生课外自学使用，从入门到高阶，各种水平的学生均可找到适合自己的材料进行阅读和练习。第三，可以适应不断变化的语言学与心理学理论。第四，语法翻译法在实践中不断得到改进。早期的语法翻译法过分强调对语言形式的学习，对词汇有所忽略，不利于学生阅读课文、理解课文。后来，法国和英国的教育家提出"词汇翻译法"，重视词汇的翻译，对学生掌握词义、理解语言材料有较大的帮助。另外，还有德国提出的"翻译比较法"，主张通过对比翻译的实践来理解语言材料的内容，开始关注本族语和目的语的差异以及学生对目的语的掌握。20世纪的语法翻译法被称为"近代翻译法"。近代翻译法具有以下几个特点：在教学中注重语音、语法、词汇相结合，以语法为主线；重视阅读能力和翻译能力的培养，兼顾听说训练；以本族语为中介，翻译既是教学手段，又是教学目的。

总之，在语言教学理论的影响以及自身的不断调整下，当代的语法翻译法有了很大的发展，不再完全以语法规则为中心，教学活动也开始关注交际能力的培养。语法翻译法简便易行和适应性强的优势使它在外语教学史上一直没有被完全摒弃，可以说，新的教学方法发展了语法翻译法，吸取了其中的有益部分，弥补了其不足之处。

## 二、直接法

19世纪中后期，欧美各国之间商业发展迅速，政治、经济交流往来日益频繁，社会迫切需要掌握外语并能用外语进行口头交际的外语人才。外语学习的目的出现了实质性的变化，不再只是阅读经典和磨炼心智，而变成了一种社会实际需要，口语也日益重要。因为语法翻译法不能有效地培养口语能力，所以一些学者开始倡导外语教学改革，"直接法"便出现了。直接法有关理论认为，语言的本质是一整套说话的习惯。它主张学习外语应该像幼儿学习母语那样，反复操练从而达到脱口而出的程度，其最终目的是使学生具备听说、口译的能力。19世纪末到20世纪20年代是直接法盛行的时期，欧美许多教学机构和教师都竞相使用这一方法。

直接法的语言学基础是19世纪西欧出现的新语法学派的理论。19世纪80年代，国际语音学会的成立和国际音标的制定，使语音系统的描写分析与传授成为可能，标志着直接法的成熟。

国际语音学会的早期目标之一就是推动现代语言教学的发展，该学会有五项主张：①教授口语；②进行语音训练以形成良好的发音习惯；③采用对话体课文以教授口语短语及习语；④用归纳法教授语法；⑤意义的教学依赖于目的语而非本族语。

除此之外，外语教学法有四条发展原则：①仔细选择教学内容；②确定教学范围；

③教授听、说、读、写四项技能；④教材内容的编排遵循先易后难的顺序。

有学者将直接法定义为："是教授外语，特别是现代外语的一种方法，它通过外语本身进行的会话、交流和阅读来教外语，而不用学生的母语，不用翻译，也不用形式语法（第一批词通过指示实物、图画或演示动作等办法来教）。"直接法主张把目的语和它所表达的事物直接联系起来，不借助学生的母语，直接学习、直接理解、直接运用目的语。它有以下几个特点。

第一，重视口语教学和语音训练，强调模仿。直接法以培养口语能力为主要目标，强调纯正自然的语音语调，以句子为单位，主要采用问答的方式教学。直接法认为语言是一种习惯，习惯的养成在于多模仿、多练习。

第二，用归纳法教语法。初级阶段不进行系统的语法教学，而是在学生掌握大量的实际语言材料之后，引导其归纳、总结语法规则。在高级阶段需要讲解语法时，使用目的语教授。

第三，尽量避免使用母语和翻译。采用动作、情境、实物、图画等直观手段来代替母语的释义功能，以建立意义与形式间的直接联系。阅读目标的实现也是基于对语篇的直接理解，使外语与思维直接产生联系，而不借助词典或翻译。

第四，关注目的语文化。直接法要求教师在课堂上创设生动有趣的情境为学生提供了解和使用目的语的机会，教学使用的图画通常也是围绕目的语国家日常生活涉及的口语活动情境来精心设计的。

直接法强调不以本族语为中介，直接学习目的语，主张用教学生学习本族语的方式学习外语，注重在实践中培养语言习惯，重视语音和口语教学，利用直观教具等。这些特点有利于激发学生的学习兴趣，能有效地培养学生的听说能力，以及用外语思维、记忆、表达的习惯。然而，直接法在处理本族语与外语、口语与书面语等关系上存在着简单化、片面化的倾向。它过分强调了学生学习外语和学习母语之间的共性，将外语学习等同于母语学习，在外语教学中照搬学生学习母语的方法。母语习得和外语学习是存在差异的。学生在习得母语时，只具备先天的语言习得能力。而学生在学习外语时，已经具有母语知识、世界知识和互动技能。就习得过程而言，母语习得基本上是学生认知逐渐成熟的过程，而外语学习却是母语能力迁移的过程。因此，忽略二者之间的差异是不符合客观规律的。

直接法的缺点还在于没有认识到本族语的作用，在外语教学中一味排斥本族语的使用，给教学带来不必要的困难。为了避免使用本族语，对于一些用本族语可以"一语道破"的词语，教师却要费尽心思地用目的语去进行冗长复杂的解释。直接法不对语法进行直接明晰的解释，会导致学生缺乏目的语的必要知识，难以认识到语言使用中的错误。直接法要求教师具备一定的外语水平，重视口语练习，适合小班上课，大多数公立学校很难满足这些要求。

随着20世纪40年代"听说法"的出现，直接法渐渐淡出外语教学的历史舞台。相对于语法翻译法，直接法主张教授"活"的语言，突出了外语教学的本质。直接法与语法翻译法奠定了外语教学的传统，此后的外语教学法大多是在二者的基础上改进形成的，或偏向阅读，或偏向口语交际，依其教学目的和培养目标而变化。可以说，直接法是外语教学史上的一大进步，它对后世的外语教学产生了深远的影响，为后来产生的听说法、视听法、认知法等现代教学法的发展打下了基础。

## 三、听说法

听说法是以口语为中心、以句型或结构为纲要，重视语音语调，强调模仿，着重培养听说能力的外语教学法体系，也被称为"陆军法""口语法""结构法（句型法）"。

听说法的语言学基础是结构主义语言学，也称作描写语言学。结构主义语言学强调口语的第一性，把语言看作一个由各种小的语言单位根据语法规则组合起来的结构系统。该理论把千变万化的言语分析归纳为有限的句型结构，认为扩展、替换和掌握有限的句型结构就能掌握运用外语的能力。结构主义语言学家提出了新的语言教学原则：①语言是口语，而不是文字；②语言是一套习惯；③教语言，而不是教语言知识；

④语言是本族语使用者说的话，而不是某人认为应该怎样说的话；⑤语言各不相同。

听说法的教学目标是培养学生具备本族语者的语言能力，让学生最终学会"不自觉地"运用所学新语言。这一教学法认为，口语是语言的基础而结构是培养说话能力的核心。学生在设定的情景中操练所呈现的语言结构，更易形成目的语的说话习惯，掌握语言的实质。其主要特点如下。

第一，听说领先，读写跟上。听说法把听说能力的培养当作外语教学的主要目标和培养读写能力的基础，严格按照听—说—读—写的次序进行教学。先学习"听说"，然后"读写"已经会"听说"的内容。

第二，反复操练，形成习惯。结构主义语言学家认为语言是一套习惯。外语学习是行为习惯的形成过程，良好的习惯形成于正确的反应，要靠持久的模仿、记忆和反复练习。在操练过程中强调及时纠错。

第三，以句型为中心。结构主义语言学家把语言看作一个由各种小的语言单位根据语法规则组合起来的结构系统，而句型是最基本的结构句型。教学主要通过外语与母语句子结构对比，根据由易到难的顺序进行安排，以突出句型的重点和难点。

第四，限制使用母语。既然语言是一套习惯，那么就应当把宝贵的时间全部用于外语的模仿、记忆与操练。因此，在课堂教学中，要尽量不用或少用母语和翻译。

第五，用归纳法教语法。语法教学是手段，不是目的，是为了帮助学生正确地模仿新的语言形式、进行练习和养成语言习惯。语法教学靠归纳性的类推，而不是演绎性的解释。类推过程包括归纳和辨别，要在充分操练之后再对语法规则进行简要的解释。

第六，重视文化的教学。学生掌握了标准的语音和地道的口语，具备在一定程度上应对目的语国家的日常生活情景的交际能力。

第七，充分利用现代化教学技术和手段。听说法大量使用录音机、录像机等视听设备进行句型结构的操练。

第八，教师是课堂的中心。课堂上的语言学习主要通过师生的口头互动进行，而互动的内容则是事先确定的情景对话和句型结构。由于强调口语，听说法非常重视教学参考书和录音材料（尤其在初级阶段），教学往往要严格依照教学参考书所设计的顺序通过录音材料进行。

听说法的教学活动分为两个部分，前一部分是记忆情景对话，后一部分是反复操练情景对话中的句型，在操练过程中强调及时纠错。句型操练是听说法的一个显著特征，操练的方法形式多样，至今仍经常被采用。常用的句型操练形式有以下几种。

①重复句型。听到后说出句型，不看书面文字，做到语音、语调、语法准确。随着多次重复说出更长的句子。

②曲折变化。在句型不变的情况下变换句子中的性、数、格。

③替换。用代词替换句中的名词或名词短语。

④转述句子。用变换说话角度的方法转述话语，类似于间接引语变为直接引语。

⑤完成句子。补充一个单词使句子变得完整，常用于练习代词的用法。

⑥变换词序。

⑦扩展句子。将单词放入句子合适的位置。

⑧缩写句子。用一个单词替代短语或从句。

⑨变换句式。将肯定句变为否定句或疑问句，或进行时态、语态的变换。

⑩合并句子。将两个句子合并成一个句子。

⑪按要求应答。根据情景要求对问话做出相应回答。情景要求可以是做出礼貌的应答，表达认同或不认同，表达惊奇、遗憾等，表示自己没听懂，等等。

⑫组词成句。根据所给词语组成一个完整的句子。要注意使用词语恰当的形式。

听说法是在结构主义语言学和行为主义心理学的影响之下，为适应 20 世纪 50 年代美国对外语人才的需要而产生的一种教学法流派。它一方面是对语法翻译法的革新，另一方面又是对直接法的继承和发展。直接法和听说法的异同如下。

直接法和听说法的相同或相似之处表现在：①都重视口语能力的培养；②都重视利用必要的教学设备和教学手段进行形象化教学；③都重视目的语文化背景的教学；④语法教学都采用归纳法；⑤都强调防止学生在练习过程中出现错误（部分主张直接法的语言学家对学生犯错误有不同看法）；⑥听说法的句型操练实际上也是来自直接法。

直接法和听说法的不同之处表现在：①在对待学生母语的态度上，直接法完全排斥母语的使用，而听说法只是限制使用母语，在一定程度上克服了前者的片面性；②听说法强调语言的结构形式，比直接法教学更具系统性；③听说法强调模仿、记忆，在一定程度上忽视了意义的教学，因而在有效培养学生的交际能力方面稍逊于直接法；④听说法强调严格控制词汇量，要求在对目的语和母语进行充分对比分析的基础上，根据学生的难点选择语言项目，安排语言项目的先后次序，在对教学系统的考虑上比直接法更为成熟；⑤听说法把语言技能分为听、说、读、写四个方面，这在语言学和语言教学上是一大进步，受到了各种教学流派的普遍认可。

听说法是第一个自觉地把语言学和心理学理论作为理论基础的教学法体系。听说法的产生对"听说领先"的外语教学理念的传播、对比语言学的发展和应用、教学机器和语言实验室在外语教学中的运用等，起到了很大的推动作用。句型操练的做法既避免了语法翻译法烦琐的语法分析，又不像直接法那样对教师的外语水平和组织教学的能力有很高的要求，因此能有效地培养学生的听说能力。这种做法得到了广泛的认可，在很长一段时间内占据着教学法领域的主流地位。

听说法主张通过练习和反复模仿来掌握第二语言，其最大优点是学生对语言听说技巧的直接运用，缺点是对语言的基础知识尤其是语法掌握得不扎实。听说法过于强调语言结构的掌握，专注于句型操练，使得学习过程较为枯燥，把听说和读写割裂开来，在教学过程中不太关注学生的不同学习风格，不区分教学对象的特点，忽视了学生的创造能力和读写能力，显得有些机械化和绝对化。

## 四、视听法

视听法产生于 20 世纪 50 年代的法国，在法国圣克卢高等师范学院法语研究所的推广下形成，所以又叫"圣克卢法"，最初运用于成年人法语第二语言短期速成教学。当时大众传播工具的发展十分迅速，人们开始在外语教学中广泛借助电教手段，如广播、电影、录像和录音等。通过运用声、光、电等现代化设备，把视觉感受和听觉感受相结合，把语言与形象相结合，从而建立起语言与客观事物的直接联系。视听法重视教学过程中语言材料的完整性，这也被称为"整体结构法"。视听法吸取了直接法和听说法的优点，并发展了情景视觉感知要素，形成了独特的情景视觉与同步录音听觉相结合的方法体系。

与听说法一样，视听法的理论基础是结构主义语言学和行为主义心理学。视听法强调培养学生的口语能力，主张外语教学要培养学生听、说、读、写外语的能力，而不是要求他们掌握语音、语法、词汇等知识，视听法把外语教学过程归结为刺激—反应—强化的过程，视听结合的方法比单纯依靠听觉或视觉来理解、记忆和储存的语言材料要多得多。视觉形象为学生提供形象思维的条件，促使学生自然和牢固地掌握外语。听觉形象有助于习得正确的语音、语调、节奏，获得遣词造句的能力。作为在欧洲大陆发展起来的外语教学法，视听法还在一定程度上吸收了格式塔心理学的主张，它认为人对语言的认识具有整体性，而且人的视觉、听觉等感知能力也能对刺激形成整体反应。因此，外语教学需要从各个方位向学生展示目的语，从而使学生的感知能力得到整体运用。

视听法具有以下主要特点。

第一，"听说领先"，集中强化教学。集中三个月，用 250~300 个课时进行强化教学，以掌握基本的口语能力。在口语的基础上培养读写能力。

第二，以句型为中心。描写语言句子结构，归纳句型进行教学，是后期视听法教学的重要部分。

第三，限制使用母语。用外语讲解以培养语感。

第四，创设情景，进行语境教学。图像、录音视听结合，使所学外语与情景建立直接联系。

第五，重视整体结构的对话教学。完整的对话是视听法教学的基本要素。对话既有利于培养学生的口语能力，又能使课堂变得更生动活泼。

第六，充分利用录音、录像等电教设备。

视听法发扬了直接法、听说法的长处，是外语教学手段的一种创新。它改变了原有教学手段的单一性，丰富了教学手段，在教学中广泛使用现代化教学技术设备，使语言与形象紧密结合，在情景中整体感知外语的声音和结构。电化教学的手段直到今天仍然被广泛使用，不断发展的声像技术、多媒体、网络等被运用于外语教学，这是视听法的一大贡献。视听法的不足之处与它的鲜明特点紧密相连：过分强调视觉直观作用，忽视对抽象词汇和语法结构的处理和讲解；过分重视语言形式训练，忽视交际能力的培养；过分重视语言整体结构，忽视分析语言的有机构成；过分强调口语，忽视书面语的作用，学生的阅读、写作能力得不到相应的发展。

视听法没有得到广泛的应用，是因为它自身具有的局限性，一方面，它的理论基础跟直接法和听说法相比没有很大变化，因此其主要教学原则也与二者比较相似。除了声像配合教学这一创新点之外，没有太多的创新之处。另一方面，视听法的教学目的是在短期内快速培养成年人的外语口语能力。短期教学目的决定了视听法的成果最终只能作为一种配合外语教学的手段，而没能形成颇具影响力的教学法流派。

## 五、认知法

20世纪60年代，著名语言学家乔姆斯基（A. N. Chomsky）提出"转换生成语言学"理论，猛烈地冲击了当时在美国占主导地位的结构主义语言学和行为主义心理学，而这二者正是听说法的理论基础。乔姆斯基的语言理论是理性主义的，而结构主义语言学是经验主义的，二者有着本质的不同。乔姆斯基认为，语言是受规则支配的体系；人类学习语言绝不是单纯模仿、记忆的过程，而是创造性活用的过程，人类天生具有学习语言的潜能，学生正是利用这一潜能（语言习得机制）将抽象规则内化，使之成为语言运用的基础。这些有限的规则将语言的深层结构转化为表层结构，从而生成无限的句子，于是人类能够听懂从来没有听过的句子，说出从未学过的话语。行为主义理论将语言学习等同于其他方面的学习，受制于刺激—反应—强化—联结的规律，语言的习得是形成习惯。语言学习的本质是什么？人们是怎样学会语言的？什么方法能有效促进外语习得？人们开始质疑听说法的诸项教学原则，并探索新的教学法。作为与听说法相对立的理论，认知法强调充分发挥学生的认知能力，重视对语言规则的理解，并在此基础上全面培养学生的听、说、读、写能力。

认知法又称"认知—符号法"。由于它重视语法的作用，有人又把它称为"新语法翻译法"。认知法重视发挥学生的智力作用，强调认知语法规则，培养学生实际运用语言的能力，具有坚实的语言学、心理学理论基础。

正如前文所述，认知法的语言学基础是乔姆斯基的转换生成语法理论。转换生成语法认为语言是受规则支配的体系，人的语言能力是先天性的，人脑具有一种语言习得机制。人类学习语言的过程并不是机械模仿和记忆的过程，而是不断理解、掌握语言规则、创造性地运用语言的过程。因此，认知法主张从学习语言规则入手，培养学生创造性地运用语言的能力，在此基础上形成了自己的教学观——即语言学习是通过对它的各种语音、语法和词汇形式的学习和分析，从而对这些形式获得有意识的控制的过程。

认知法的心理学基础是认知心理学。认知心理学主张学习外语是一个感知、记忆、思维、想象的过程，是大脑积极思维的结果。认知法教学主张把第二语言作为一个知识体系来掌握，通过分析讲解，理解语音、词汇、语法知识的规则，掌握语言的基本结构，达到培养外语交际能力的目的。

认知法的主要特点如下。

第一，以学生为中心。教师要了解学生的年龄特点和外语学习的心理认知过程，让学生具有正确的学习态度、坚定的学习信心和顽强的学习毅力。教师还要懂得学生的智力活动结构和发展过程，为学生提供易于发现规则的足够的语言材料和情景，从已知到未知，引导学生自行"发现学习"。

第二，用演绎法讲授语法。在理解语言知识和语言规则的基础上操练外语，强调有意义的学习和有意义的操练。认知法的核心是理解、记忆和使用，理解是前提，操练是手段，记忆和使用才是目的。

第三，听说读写齐头并进。认知法主张外语教学一开始就进行听、说、读、写四种能力的综合训练，全面发展。通过耳听、口说、眼看、手写多种感官刺激，可以收到更好的学习效果。听说是训练口头语言，读写是训练书面语言，二者相辅相成。通过读写强化听说能力，通过听说提高读写能力。

第四，合理利用母语。在理论方面，乔姆斯基的普遍语法理论认为，各种语言都具有一定的普遍性、共同性。因此，学生母语的语法知识、概念、规则会迁移到外语中去，从而促进外语的学习。在实践方面，认知法倡导者认识到大学英语学习和学生学习母语的不同之处（成年人学习外语缺乏学生学习母语的语言环境；学生学习母语是大脑成熟的过程而成年人是在掌握了母语的基础上学习外语的；大学生学习外语是有意识的学习）。因此，进行外语教学时要适当利用母语，进行必要的母语与所学外语的对比分析，使教学更具针对性和预见性。

第五，分析语言错误。听说法强调及时纠错，以免学生的错误变成习惯。而认知法认为学习过程中出现错误是在所难免的，因此要容忍学生的语言错误，对错误进行分析和疏导，不能见错就纠，而是只纠正主要错误。

第六，广泛运用电化教学手段。认知法认为直观教具和现代化教学手段可使外语教学情景化、交际化，有助于创造外语环境，增加学生使用外语的机会，强化外语教学过程，是在缺乏语言环境的情况下高质量地进行外语教学不可缺少的条件。

从上述特点可以看出，认知法除了同之前的教学法一样关注教学内容（教什么）和教学方法（怎样教）之外，在认知心理学理论的影响下开始关注教学对象，即怎样学的问题，这是外语教学的一个重大进步。然而，与听说法相比，认知法并不占据绝对优势。尽管认知法在理念上与认知理论具有一致性，但是认知理论对语言加工过程和学习策略的许多研究尚处在雏形阶段，不能为外语教学提供具体的指导。认知法给外语教学带来了更多的选择，但是由于它完全抛弃了听说法的合理内核，也使得自己的教学主张缺乏系统性和可操作性，不能十分有效地指导外语教学实践。

# 第二节 交际法

## 一、交际法的主要理论基础

交际法的产生得益于语言理论的多元化和西欧各国的语言交际需求,是以培养交际能力为目的,以语言功能项目为纲的一种教学法体系,兴起于 20 世纪 70 年代的欧洲。交际法又称"功能法"或"功能—意念法"。交际法是人们深入研究语言功能的结果,其形成标志着语言教学进入了一个新的时代,涌现了各种各样注重交际目标和语言功能的教学方法(如内容型教学法、任务型教学法等),对世界各地的外语教学产生了深远的影响。尽管围绕交际法的理论和实践有着诸多争议,每个人都有自己独特的理解,但是"交际法之魂"已经深入人心。

外语教学大纲方面的研究促成了交际法的形成。语言意义分为两类:意念范畴(如时间、顺序、数量、地点、频率等概念)和交际功能范畴(如请求、拒绝、邀请、抱怨等功能)。

交际能力指的是不仅能使用语法规则来组成语法正确的句子,而且能在适当的场合、适当的时间恰当地使用语言。交际能力应包含以下五个方面。

第一,语言能力。包括传统意义上的词汇、语法、语义和语音知识。

第二,语篇能力。指语言使用者掌握连续语篇的能力。如在较长的书面语篇中使用连接词,维持较长对话中的话轮转换、进行意义协商、开始和结束谈话等。

第三,语用能力。指外语学生在情境中利用语言知识表达和阐释意义的能力,如知道在交际中由于缺乏背景知识而产生问题的时候如何继续进行交际。

第四,社会语言能力。主要指在合适的场合恰当地运用语言的能力,如对正式和非正式语体的选用,对直接或者委婉的表达方式的选择等。

第五,社会文化能力。指对文化差异的认识。

语言系统和语篇中的交际价值具有密切的关系，掌握一种语言意味着既掌握其词汇、句法，又会在语言交际中进行恰当运用。语言能力应包含为达到不同的交际目的而实施的交际行为。例如，想表达关门的请求，可以有不同的方式，如"The door's open.""Would you mind closing the door?""Close it, please. It's so cold."等，如何在诸多选择中做出合乎情境的决定，是交际能力的一个重要方面。

## 二、交际法的语言观与学习过程

概括来说，交际法的语言观主要有以下四点。

第一，语言是一个意义表达系统。

第二，语言的基本功能是互动和交际。

第三，语言结构反映其功能和交际用法。

第四，语言要素不仅包括语法结构，也包括体现在语篇中的功能和交际意义。

交际法的学习观倡导"交际性、任务性、意义性"三原则。交际性原则，即包含真实交际的课堂活动可促进语言学习；任务性原则，即运用语言完成有意义任务的课堂活动可促进语言学习；意义性原则，即对学生有意义的活动有利于语言学习。

交际法的发展可分为三个阶段。第一阶段所关注的重点是开发基于功能和意念的教学大纲，以培养学生的交际能力。第二阶段重点关注学生需求问题，致力于探索确定学生需求的步骤。第三阶段重点探讨交际法框架下的课堂活动，如小组活动、任务、信息沟通、项目活动等。目前，交际法已成为一个很广的概念，可以说交际法出现之后的几十年间，又出现的内容型教学法、任务型教学法、词汇教学法等，都不同程度地体现了交际法的基本理念。尽管人们难以像界定语法翻译法、听说法那样准确界定交际法，但交际法这个概念仍然有其存在的必要性。交际法以其对"交际"的重视，时刻提醒着人们：外语教学的目的不是学习碎片化的语言知识，而是提高学生的交际能力。

交际法中的学习过程包括两个维度：分析性学习和体验性学习，这两个维度不是互相矛盾的，而是互补的，从不同的角度指引学生，以实现培养学生的交际能力这一教学目标。分析性学习和体验性学习是一个连续性的两极，具体的学习活动不同程度地具备一些分析性或体验性特征。在交际性语言练习中，学生会使用事先学习的词汇或句型；而在真实交际练习中，学生有时会重点练习语言学习中的某个难点句型。而且，在一项活动的不同阶段，不同的学生也会有所侧重。

## 三、交际法的教学原则

随着交际法的影响日渐扩大，其使用范围也在日益扩大。研究者的不断加入，使得各种理论也在不断地丰富着交际法的教学原则，具体如下。

第一，学生通过使用语言进行交际而学会语言。

第二，真实而有意义的交际应该成为课堂活动要实现的目标。

第三，流利度是交际能力的一个重要指标。

第四，交际能力包括听、说、读、写等不同语言能力。

第五，语言学习是基于不断尝试和修正，并创造性地建构知识的过程。

基于上述教学原则，交际性课堂应具备以下特点：课堂活动能促使学生通过频繁互动以交流信息、解决问题；使用真实语篇（而非专为学生所编写的教学材料），设计情境中的交际活动，强调听、说、读、写的综合运用；秉承以学生为中心的教学理念，关注学生背景及其特定的语言需求和目标，允许学生在教学决策中有一定的话语权，培养学生创造性地解决问题的能力。具体而言，交际法强调信息的共享和传递；倡导合作学习，如小组活动和结对子活动；鼓励学生进行自由的语言练习，并敢于尝试新的语言项目；设计教学活动时，以交际性任务为基本单位；结合学科知识发展语言能力，使语言知识具体化；注重语言运用的适切性；强调通过分析和反思，关注个体语言学习的过程。由于交际法强调体验性学习，使得一些教师和学生忽略了分析性学习和关注形式的学习活动对语言学习所起的作用。外语教师对交际法普遍存在误解：认为交际法就是"不教语法，只教口语"。这种理解是不正确的。

## 四、交际法的教学活动

以培养交际能力为教学目的，交际法的教学活动十分丰富。交际法教学框架包含了分析性策略和体验性策略两个维度。交际法课堂活动构成一个连续体，一端是非交际性学习活动，另一端是真实的交际活动。在交际原则的指导下，也应重视词汇和语法的学习，以帮助学生逐步获得语言交际能力。

教学材料影响课堂交际和语言使用的质量，交际法的教材主要有三种：以课文为主的教材、以任务为主的教材，以及来源于生活的真实语料。以课文为主的教材，许多是建立在结构研究上的，也有一些以交际为中心、以任务为主的教材，包含大量的游戏活动、角色活动、任务活动等。真实语料来自日常生活，包括以文字为主的材料，如路标、广告、报纸、杂志，以及可用于交际活动的可视化资源，如地图、图画、标志、图表等。

由于交际法课堂鼓励互动和交际，师生角色也被赋予了新的含义——学生应该是自我学习过程和学习目标之间的协商者，在相互协作完成交际活动的过程中掌握外语。教师的首要角色是担当交际活动的设计者和组织者，还是交际过程的引导者、示范者和参加者，同时也是需求分析师、咨询师和小组活动的管理者。交际法带来的从"教师为中心"到"学生为中心"的转变，使广大外语教师面临着新的挑战，他们需要转变思想，顺应改革潮流，为培养学生的交际能力做出应有的贡献。

交际教学法对教师提出了更高的要求——教师应在以下方面做出努力：重新认识语言教学的本质，从以知识为基础转变为以能力为基础；重新定位教师的角色，从知识的传递者变为身兼多种角色的教育者；学习新的教学策略和技巧；改变评价学生的方式；培养活用教材的能力；使用现代教学技术；提高自身的外语语言能力。

交际法产生在语言理论和心理学理论多元化的时代，对不同理论的吸纳使得它颇具活力，可以称之为"多元理论的联合体"。交际法的主要优点有：重视学生的需求，教学目标更加明确；重视培养交际能力，不仅强调语言的内容、意义和功能，还关注语言使用的情境和适切性；倡导外语教学过程交际化，营造真实的语言情境。

交际法的教学理念在世界范围内得到了广泛的传播，但是也存在一些问题留待人们思考，例如：在教学大纲中结构和功能的关系处理；交际课堂的管理；对学生语言能力的测评；学生在小组活动中存在回避使用外语的倾向；教师自身的外语能力不足；交际法理念与比较看重笔试成绩的考试方法之间存在矛盾；等等。

# 第三节 内容型教学法

## 一、内容型教学法的内涵

20世纪80年代以来，内容与语言融合学习法受到了关注，内容型教学法为颇具代表性的教学范式。内容型教学法与交际法具有相同的心理学和语言学理论基础，是交际教学法的一种。与交际法所不同的是，内容型教学法非常关注学习输入的内容，主张围绕学生需要掌握的课程来组织教学。我们可以将内容型教学法定义为：一种主张围绕学生所学的学科内容而展开教学的交际语言教学形态。它强调围绕学生需要获得的内容或信息，而非语言或其他形式的大纲来组织教学，以达到内容教学和语言教学互相促进、共同提高的目的。

内容型教学法的语言观主要有以下三点：①语言是一种获取信息的工具，而信息是在语篇中建构和传递的，因此语言教学要以语篇为基础；②在现实生活中，听、说、读、写四项技能是不能分开使用的，因此语言教学也应把四项技能综合起来培养；③语言的使用是有目的的，因此学生在学习过程中要清楚所学语言材料的目的，并使它与自己的目标联系起来。内容型教学法强调关注语言技能以外的能力和素质，因为语言本身是个符号系统，它好比一种排列组合，本身的深度和美感来自它"运载"的内容。

## 二、内容型教学法的核心原则

内容型教学法关于学习理论的一个核心观点是：只有当语言被用来作为了解信息的途径而不是为了学习语言本身时，语言习得才能成功，由此核心原则衍生出下列观点。

一是只有当学生认为所学习的内容有趣、有用而且能指向预期的目标时，语言习得才能成功。如果学习内容与学生的实际需要紧密相关，就能增强学生的动机，促进学生更有效地学习。另外，当学生的注意力集中在思想、看法、观点等，而非语言形式上时，学生具有更强烈的学习动机。

二是某些领域比其他领域更适合作为内容型教学法所依托的学习材料。地理领域是将学科学习与语言学习相结合的不错选择，因其具有高度的视觉性、空间性和情境性，包括对地图、图表、模具等辅助材料的使用，以及用大量描述性的语言开展教学等。

三是学习内容符合学生的需要，教学才能取得好的效果。内容型教学法强调学习的内容应该根据学生的需要来选择，如选择真实语料（学生会在生活中遇到的、书面的或口头的材料）作为教学设计的出发点。

四是教学应建立在学生已有经验之上。学生进入课堂时，大脑不是一块白板，而是已经具备了一定的学科知识。

## 三、内容型教学法的多种模式

内容型教学法的倡导者开发了多个项目，探索了多种教学模式。可以将内容型教学理念描述成一个连续体，一端是内容驱动型教学，另一端是语言驱动型教学，在这两端之间存在着多种教学模式。每种教学模式中，语言与内容有着不同的权重。

完全和部分沉浸式教学以内容为主导,它的有效性更多地取决于学生对内容的掌握,而语言的掌握则是一个副产品。保护式教学的授课对象是非本族语者，由学科领域专家担任教师，但在授课过程中需要关注学生的外语水平，调整教学话语使教学内容更容易被学生理解。此外，教师还需要选择适合学生难度的教学材料，并根据学生的语言能力调节课程要求。以附加式教学和主题式教学为例。

附加式教学强调语言学习和内容学习同等重要，附加式教学中的语言和内容融合，可以通过团队合作来实现，即由语言教师负责传授听、说、读、写等语言技能，由内容教师则负责学术内容的讲授。主题式教学通常在教学情境中进行，课程大纲围绕主题或话题，如环境污染、妇女权益、医药卫生、儿童保护等来组织，最大限度地利用内容来传授语言技能。

内容型教学法秉承"做中学"的教学理念，鼓励学生进行自主学习、合作学习和体验学习。这就要求学生扮演积极的角色，积极地理解输入材料，有较高水平的歧义容忍度，愿意探索新的学习策略，从多角度阐释口头或书面语料。学生也可参与到学习内容和活动方式的选择当中，为学习内容提供资源。学生要对内容型教学有十足的信心，积极适应新的角色，成为一名合作型、参与型的学生。

内容型教学模式下，教师应兼具语言和专业内容两方面的能力，这是一个巨大的挑战。因为教师可能是语言专家或某个学科领域的专家，但在这两方面都擅长的人则少之又少。一个能成功地运用内容型教学法的教师，必须具备下列知识和技能：学科内容知识、学科教学技能、外语知识、外语教学技能，以及教材的开发和选择、教学评估等。相应地，他集多种角色于一身：需求分析者、课程设计者、教材编选者、合作者、研究者、评估者等。

内容型教学法通常选择真实语言材料作为教材。这个真实性一方面指本族语学生所使用的教材，另一方面指来源于报纸或期刊杂志上的文章，即并非为语言教学这一目的而编写的材料。与真实性相矛盾的是，内容型教学法还必须考虑学生的语言水平，教材要具有可理解性，因此对教材进行一定程度的语言上的简化和冗余的解释也是必要的。总之，教学材料既要具有真实性，又要具有可教性。

内容型教学法的优点在于：语言的形式、功能和意义没有被分割开来；学生的动机增强、兴趣提高；对认知有较高要求的课堂活动丰富了学生的认知。

从早期的专门用途英语课程到沉浸式课程，内容型教学法已经被应用到各个层次的语言教学项目当中，如大学生外语课程、商务外语课程、职业外语课程等。然而，内容型教学法在应用中也存在局限性。首先是师资问题，兼具语言知识和学科知识的教师匮乏；其次，内容型教学法的效果不好衡量，因为学生最关注的是学科内容，往往会忽略语言使用的准确性；再次，鉴于学生需求的多样化，很难开发出市场化的、通用的教材，这会导致教师耗费大量时间甄选材料；最后，是评估标准方面的问题，是评价学生对学科知识的掌握，还是评价学生的语言能力，目前仍无定论。

# 第四节  任务型教学法

## 一、任务型教学法的定义

任务型教学法源于交际教学法，"任务性原则"也是交际法的三大实施原则之一。

任务型教学法自 20 世纪 80 年代产生以来，一直备受瞩目。它将"任务"置于课程规划的核心地位，认为学生通过完成特定的课堂任务而习得外语，并将交际法语言教学重塑为基于任务而不是基于语言的交际法教学大纲。

任务型教学法的普遍定义为：一种以具体的学习任务为学习动力或动机，以完成任务的过程为学习过程，以展示任务成果的方式来体现教学效果的教学方式。任务型教学法强调学习过程，重视培养学生的交际能力和综合运用语言的能力，同时也不忽视语言知识教学。任务型教学法所代表的理念可以归纳为：语言是用来表达思想、交流情感、解决问题的工具，语言学习依靠的是语言的使用，而不是以形式为中心的机械训练。语言学习的目的不仅是掌握语言知识和培养语言技能，还包括学会如何使用语言来解决问题。

国内外研究者对"任务"（task）的解释不尽相同。

第一，有助于达到语言学习整体目标的所有课堂活动都可看作任务，包括简短的语法练习和更为复杂的涉及真实的意义交流的活动。

第二，任务是语言加工的产物或语言理解的结果，如边听录音边画图、听指令做动作等。教师通常需要明确任务要求，以衡量学生是否成功地完成了任务。多样化的任务可以增强课堂活动的目的性，使学生有机会运用语言，从而使语言教学更具交际性。

第三，任务是一项有特定目标的工作或活动，通常作为课程的组成部分，或在研究中用于收集数据。

第四，任务就是学生通过对已知信息进行思考加工从而得到某一结果的活动。

第五，交际性任务是学生理解或掌控目的语，并用目的语进行互动的活动，在使用语言的过程中，学生的注意力主要集中于交际意义而非结构形式。

第六，任务是学生关注意义、使用语言达到目标的活动。

第七，学生应用目的语所进行的促进语言学习的、涉及信息理解、加工，或解决问题、决策问题的一组相互关联的、具有目标指向的课堂交际或互动活动都可以称之为"任务"。

第八，任务应具备五个要素：①要有意义；②要有待解决的交际问题；③与真实世界的交际活动相似；④要完成任务；⑤根据结果评估任务。

任务的七项主要特征如下。

①输入材料。指学生完成任务所使用或依据的书面材料或视听材料。

②角色。指学生在完成任务时所需扮演的角色，如信息发出者或信息接收者。

③情景。指产生任务和执行任务的环境或背景条件，包括语言交际的语境，同时也涉及课堂任务的组织形式。

④程序。指学生在完成任务过程中所涉及的操作方法和步骤，即"怎样做"。它包

括任务序列中某一任务所处的位置、先后次序、时间分配等。

⑤监控。指确保任务顺利完成的监督过程。

⑥目标。任务具有目的性,一是任务本身要达到的非教学目的,二是利用任务所要达到的预期的教学目的。

⑦反馈。指教师或同伴对任务完成的整体情况或某一方面进行反馈,包括语言使用的纠正性反馈和其他有用的反馈

## 二、任务型教学法的理论基础与发展

任务型教学法的理论基础是苏联心理学家维果茨基(L. Vygotsky)的语言和学习理论。他强调语言学习的社会性,他认为,语言的获得首先是人与人之间相互作用的结果,然后才转变为自己的知识。学习是一种有社会真实性的协同努力。

任务型教学法的理论依据还包括互动假说、输出假说、有限容量假说和认知假说等。互动假说强调语言习得中的互动,即意义协商在二语习得中的决定性作用。意义协商就是当沟通理解发生困难时,交谈的双方必须依据对方理解与否的反馈,进行诸如重复、释义、改变语速等语言上的调整,从而使得输入变得可理解。互动假说关注选择性注意和负面反馈在语言习得中的作用。

输出假设提出对输出的关注可以促进二语习得,故而给学生提供语言输出的机会是语言发展的关键所在。在目标语输出的过程中,学生会注意到"知"与"不知","会"与"不会"之间的距离,进而了解自己对外语的掌握情况。输出还为学生提供了在运用中尝试新语言的机会,并对外语的结构形式进行反思。

有限容量假说指在注意力有限而需要关注的语言侧面不止一项(比如语言精确度、语言复杂度、语言流利度)的情况下,学生会进行优先排序,将注意力更多地投入到某一项中。

认知假说是基于一语习得提出的。在一语习得的发展过程中,概念化发展为其创造

了条件。对一语和二语习得发展的对比研究表明，成年的二语学习者总在尝试将儿童时获得的概念进行语言编码。

在设计教学任务时，要参照学生习得母语时所对应的认知要求，基于认知复杂度逐渐上升的原则对任务进行排序，使任务序列能为二语学习者提供最佳的帮助，以便应对真实交际中相应水平的任务要求。因为只有复杂的语言才能表征复杂的事件。所以，当任务难度和学生的认知水平相匹配时，则可避免因认知复杂度和语言精确度两者无法兼顾而顾此失彼的现象。

## 三、任务特征的分类体系

对任务特征分类体系的研究主要考察哪些特征对互动和习得较有影响力，以利于教学任务设计。可以根据语言的复杂性、认知的复杂性和交际的紧张度来划分任务的难度。也可以从输入、任务条件、认知加工过程和任务目标四个方面描述任务特征。

输入包括四个变量：媒介、语言复杂性、认知复杂性和信息熟悉度。任务条件包括三个变量：参与者关系、任务要求、完成任务所涉及的话语模式（对话或独白）。认知加工过程指完成任务所涉及的认知加工层次，从信息交流，到进行推论，再到进行观点的交锋。任务目标包换三个变量：媒介（通过图画、口头或书面语展示结果）、任务结果是开放式的还是单一解决方案、任务结果所涉及的语篇模式（描写、叙述、分类、指示、辩论等）。

综合前人研究，可以建立一个任务的三维成分框架，从三个方面描述任务特征：任务复杂度（认知因素）、任务条件（互动因素）和任务难度（学生因素）。分类框架的优劣应以是否能对教学有益并促进习得的最大化为标准。

任务难度由二语学习者的个体差异引起，是一种个人因素，具体包括情感因素和能力因素两个维度。例如，学习动机强的学生比动机弱的学生更能高效快速地处理信息，学生的语言能力和智力水平决定了他们完成任务的难度。而任务复杂度取决于任务对学生的认知加工要求，是一种客观因素。一项既定任务对不同学生来说难度不同，但任务复杂度是相同的，因为任务复杂度受任务本身的结构和设计的影响，与学生个人能力无关。

将任务复杂度进一步细分，可以分为"资源导向"和"资源分散"两个维度。在完成学习任务的过程中，两个维度对学生注意力资源的分配产生截然不同的影响。在资源导向维度上增加任务复杂度能将学生的注意力资源导向特定的语言结构和形式，使产出的语言更加准确和复杂。在资源分散维度上增加任务复杂度则会消耗学生更多的注意力和工作记忆，使学生分配给语言形式的注意力资源相对减少。学生可以调用多重注意力资源，任务复杂程度的提高也有可能使学生的表现得到提升，因此学生对形式和内容的关注并不一定是矛盾的。

任务型教学法也可以区分为两种任务类型：真实任务和课堂教学任务。前者指那些基于学生需要而设计的模拟真实交际而进行演练的任务，如"制订假期出游计划"包括决定目的地、预订航班、选择旅馆、预订房间等系列任务；而"申请大学"则包含更多的任务：写申请信、回复信件、咨询经济资助、选择课程、电话或网络注册、支付学费等。后者指那些基于二语习得研究，但不一定能反映真实交际而设计的语言学习任务。

从教学的角度，可将任务型教学法分为六种任务类型：列举、排序、比较、解决问题、分享个人经历和创造性任务。创造性任务指比较复杂的任务或项目，通常需要分几个阶段完成，有时还要做一些调查。

从认知的角度，可将任务型教学法分为三种任务类型：信息沟任务，指对所给信息进行由此及彼的传递，由一个人传递给另一个人，或形式上的转换（如将文字信息转换成图表），或时空转换，涉及对语言的解码和编码；推理沟任务，指根据所给信息通过推理、演绎，或对关系、模式的识别等过程推导出新的信息，如根据班级课表推导出教师的课表；观点沟任务，指针对所给情景，明确地表达个人喜好、感受或所持态度，如续编故事、参与讨论等，这类任务的结果通常是开放式的。

任务型教学法的三个步骤：①任务前活动；②任务环（包括任务、计划、报告）；

③任务后活动（包括聚焦于语言形式的分析和操练）。

基于中国国情，可将任务教学的课堂教学程序分为任务的设计、准备、呈现、开展和评价五个阶段。任务型语言教学途径是一种教学思想，而非具体的教学方法。在实际运用中，任务型教学有不同的操作方式，对于一些简单的任务，可能只需要一两个步骤就能完成；而对于复杂的任务，则需要分阶段进行。复杂的任务一般分为任务前、任务中和任务后三个阶段。任务前阶段即任务呈现和准备阶段，是决定教学课堂成败的关键，任务中阶段即任务实施的阶段，是学生运用语言的过程，在这一过程中，任务难度极为关键。任务后阶段的活动是语言活动，可以开展任务重做、语言聚焦和任务展示等活动，这一阶段是语言意识培养的重要阶段。

在任务型语言教学中，教师是任务的选择者和决策者，要根据学生的需要、兴趣及语言水平，设计、选择任务并决定任务顺序。在引导学生进行完成任务的活动时，教师还扮演着多重角色，如参与者、组织者、协调者、评价者等。在学习语言的过程中，教师还承担着培养学生的语言意识的责任；学生是小组活动的参与者、监控者、探究者和发明者。在完成任务的过程中，学生会观察自己和同伴的表现，监控自己和他们使用语言和学习策略的情况，并尝试用最好的办法解决问题。

任务型教学法自诞生以来，已经被广泛地运用于全世界的语言课堂中，"任务"已经成为许多教学流派语言教学主流技巧的一部分。然而，关于任务型教学法是否比其他教学方法更有效，尚缺乏有力的证据。在实际教学过程中，以"任务"为基本单位组织教学，也还存在一些问题，如任务选择、任务排序、任务评价等，仍需进一步探讨。

综观外语教学史，人们一直致力于找寻一种最佳的教学方法，于是出现了流派繁多、异彩纷呈的局面。自 20 世纪 70 年代以来，交际语言教学成为人们普遍接受的一种理念，在教学方法的探讨方面不再追求独树一帜，而是采取了折中的态度，并且逐渐出现了"再谈方法已显过时"的趋势。人们已经进入了"后方法时代"，外语教学成功与否的关键在于如何适应不同的需求以产生最满意的学习效果。通过后方法时代的"宏观策略框架"，可以在宏观上确定大体方向，留给教师更大的创造空间，设计出符合特定社会文化情境、特定学生群体的微观课堂。

这些宏观策略包括以下方面。

第一，使学习机会最大化。

第二，促进协商交流。

第三，使感知误解最小化（指教师意图和学生领会之间的差距）。

第四，采用直觉启发式教学。

第五，培养语言意识。

第六，将语言输入语境化。

第七，培养综合语言技能。

第八，倡导自主学习。

第九，增强文化意识。

第十，确保社会相关性。

每一种新的外语教学法都是在试图克服已有教学法缺陷的探索中出现的，极大地拓展了人们的视野。每一种外语教学方法都在外语教学史上发挥过积极作用，各种流派长期并存并不断地自我完善。然而，各种外语教学法都有各自的优势和不足，各有独特的适用范围，万能的教学法是不存在的。因此，我们要辩证地对待外语教学法，在教学中根据不同的教学目的、教学对象、教师水平和教学条件选择合适的教学方法。

# 第四章 基础英语教学常见模式

## 第一节 基础英语新课程听力教学模式

### 一、泛听模式

泛听模式是指把握所听材料的整体意思的关键在于教师的课堂指导和练习题的设计。有关泛听模式练习题的设计应遵循以下原则：

第一，能够引导学生做好听前的预测活动。

第二，帮助学生在听的过程中将注意力集中在关键词、关键句上。

第三，指导学生根据所提供的线索克服听的过程中出现的障碍，进行有效的猜测、联想和判断。

如，对于以下听力材料：

It was a beautiful spring morning. There wasn't a cloud in the sky, and the sun was warm but not too hot, so Mr. Andrews was surprised when he saw an old gentleman at the bus stop with a big, strong black umbrella in his hand.

Mr. Andrews said to him, "Are we going to have rain today, do you think?"

"No," said the old gentleman, "I don't think so."

"Then are you carrying the umbrella to keep the sun off you?"

"No, the sun is not very hot in spring."

Mr. Andrews looked at the big umbrella again, and the gentleman said, "I am an old man, and my legs are not very strong, so I really need a walking stick. But when I carry a walking stick, people say 'Look at that poor old man', and I don't like that. When I carry an umbrella in fine weather, people only say 'Look at that stupid man'."

对于这段材料，根据泛听模式的要求，可以设计三个问题，让学生在听前思考。

1.Where did Mr. Andrews and the old man have the talk?

2.Why did Mr. Andrews ask the question about the umbrella?

3.Why did the old man take the umbrella with him?

通过这三个问题的编排，不仅为学生提出了听的具体任务，而且也提供了听的过程中可以追寻的线索：At the bus stop（题1的答案），umbrella（题2中的关键词），Other people's words（题3的答案）。这三个问题的答案正是故事的主要内容。

一般水平的学生如果做好了上述准备，在听的过程中就能比较容易地找到题1和题2的答案。水平较高的学生也可能会找到题3的答案。为了使全体学生都能领悟故事的幽默之处，通常情况下，还要针对问题3有选择地听。

## 二、精听模式

精听模式一般是在进行了泛听模式之后，对所听材料从语言、语法、词汇以及语音方面做进一步学习的听力活动。教师要根据精听的不同任务，设计不同练习题。精听的目的一般包括：一是引导学生发现和分析影响听力活动效率的原因；二是帮助学生充分利用所听材料进行语言、语音知识的学习与积累。这两个方面正是保证听力理解能力提高的重要环节。精听练习题的设计原则有以下几点：

第一，使学生的注意力集中在影响听力理解的语言点上。

第二，指导学生在理解的基础上学习新的词、词组和句型等语言知识。

第三，对词汇在实际运用中的连读等语音变化进行学习。

如，对于以下听力材料：

If you find something wrong with the article you have just bought, you can go back to the shop where you bought the goods and make complaints, taking with any receipt you may have. Complaints should be made to a responsible person. In a small shop, the assistant may also be the owner, so you can complain direct. In a chain store, ask to see the manager. If you telephone, ask the name of the person who talks with you. Otherwise you may never find out who deals with the complaint later.

If your complaint is just one, the shopkeeper may agree to replace or repair the faulty article. In certain cases, you may have the right to refuse the goods and ask for your money back, but that is only when you have hardly used the article and have acted at once.

让学生仔细听文章，根据读音写下不熟悉的单词，以锻炼其对文章细节的把握能力，如将 article 写成 artkle、将 complain 写成 komplain、将 chain 写成 chan，也无妨，这种锻炼的目的就是看学生能否根据语音把握大致的词形。

基于这种目的，我们也可设计另外一种形式的练习：列举文章中出现的一些难的、发音比较快的或连读、弱读的词（词组），让学生仔细听，并猜测它们的具体意思。英语听力的每一篇材料中都会出现连读、弱读、失去爆破等语言现象。这恰恰是学生在听力中不易把握的地方，不少题目就在这上面做文章。所以我们应有意识地加强学生在这方面的训练。

## 三、选择性听力模式

选择性听力模式的目的是培养学生听出一些具体信息的能力，尤其是从语言程度略高于他们实际水平的材料中进行信息选择的能力。这类练习题的设计原则如下：

第一，引导学生不仅从内容而且从结构上对所听材料进行预测。

第二，明确规定学生听的任务和目的，以及在听的活动中充当的角色。

第三，为学生提供克服障碍和捕捉信息的线索。

试以下面的短文为例说明具体操作过程：

The first day of April is commonly known as April Fools' Day. It's a custom on this day to play a trick on a friend. You do this by causing your friend to believe something that isn't true. If your friend falls into the trap, then he or she is an April fool.

This strange custom has been observed by both children and adults for centuries. Its origin is uncertain and may once have been cruel. But today the tricks and practical jokes are harmless and played mostly for fun.

Usually, the jokes of April Fools' Day are played on friends and colleagues. Sometimes they are also played on a wider scale. One serious national newspaper reported on a new machine. It could transport passengers from London to Australia in ten minutes. Another published a four-page survey of a nonexistent island in the Pacific. And even on BBC television news there was an item. It showed a kind of Italian noodles harvested from trees.

要想成功地运用好这个模式,需要为学生设计有利于他们进行预测和有助于他们将注意力集中在关键词上的问题,供他们在听前思考:

1.What is the topic?

2.Do they do this by causing their friend to believe something that isn't true?

3.Who are jokes played on?

4.Who else are jokes played on?

5.Are they played on something else?

## 四、四段法听力模式

四段法听力模式即采用"预听""倾听""听后练习""复听"等四个阶段进行听力教学。"预听"具体是指教师根据所听内容,利用问题、投影、图片、实物等进行的巧妙导入,从而引发学生听的动机,其中也包括背景知识的简单介绍、关键词解释和听力技能的指导；"倾听"指集中精力、全神贯注地去听，包括"略听、精听"等环节，它是输入、接收和理解的过程；"听后练习"是指从学生反馈的信息，核实所听目标、要求是否达到，同时指导学生掌握弱读、连读、变音等要领及推测、判断等技能；"复听"是指在前三个阶段的基础上，将全部内容再听一遍，以巩固前面所学的知识，是一个巩固阶段。四个阶段之间的关系是互相交融、互相渗透的，其中"预听"是关键，"倾听"是核心，"听后练习"和"复听"是重点，贯穿于整个听力教学过程，使主导与主体、教法与学法、知识与能力得到和谐的统一。

下面以 SEFC Book 1A Unit 13 Lesson 49 *A Day in The Life of A Slave* 为例，具体分析四段法听力教学模式的实施步骤：

## （一）预听引发动机

### 1.导入

可用图片导入，针对材料的特点，以讨论图片为切入口。也可采取通过解说历史背景或单元主题的方式来导入新课，用一般疑问句提出一些问题，学生只需用 yes 或 no 来回答，如：

Could the slaves go to bed early and get up late?

Could they go to school like you?

Could they go home to see their parents if they liked, when they were sold?

### 2.目标任务

在听前给出具体目标要求及检测题，以便学生心中有数，有所侧重，部分题如下：

第一，让学生认真听，了解文章的一些细节，用由选择疑问句或特殊疑问词引导的特殊疑问句来提问，学生只需用单词和短语来回答。

When does John get up?

When does he pick the cotton?

Do you think it rains a lot in this country?

Do you think the chickens are in cages or all over the farm?

第二，仔细听，捕捉文中细节，判断正误或用完整的句子回答问题。

John was given his name by his father.

John's father was brought to America as a slave.

Slaves lose only their freedom.

## （二）倾听、接收、理解

一般要求学生听三遍并做到：第一遍略听，捕获有关信息，了解内容，进行整体感知；第二遍精听、细听，听要点，听细节及关键词和特定词；第三遍侧重对疑难问题、句子进行对比、判断、分析，然后确定未定答案。

## （三）听后练习总结、提高

教师与学生进行口头交际，引导学生讲讲文中主人公的生活，来检查听的效果。除此之外，还应指导学生掌握听的技能，引导学生从"I have to look for the eggs"，推断出"The chickens are all over the farm"的结论；通过上下文猜出"boss"一词的意思是"奴隶主"。总结文中"a""the""that"等词的弱读、连读、不完全爆破的规律及"didn't understand"和"did understand"相似音的辨别等要领和技能。

## （四）复听、重现、巩固

将整个内容复听一遍，使学生将所听内容及所获经验放在听的实践中去验证、巩固，并享受听懂的乐趣。

# 第二节 基础英语新课程阅读教学模式

## 一、自上而下模式

学生在阅读中不可能认识阅读材料的所有单词。而且，即使在阅读中没有生词，学生有时仍然不能理解文章意义。那么，该怎样解决这些问题呢？

20世纪70年代初，美国应用心理语言学家古德曼（K. S. Goodman）提出自上而下模式。按照这个模式，读者不必使用整个文本中的提示，只要挑选文章中的足够信息来做出预测，用自己的经验和客观世界的相关知识去验证自己的预测。阅读是从宏观上不断推测与理解阅读材料的过程。在阅读中，读者不断根据自己原有的知识对文章内容进行假设、推断，在文章中找出相关信息来验证自己的推测。自上而下模式反对逐字逐句地阅读，强调学生已有知识在阅读过程中的作用，主张调动学生对课文进行积极思考和扩展的主观能动性。但该模式忽视句法结构，过分强调读者已有知识的作用，容易导致学生对英语语言基础知识掌握得不扎实，导致学生阅读水平和英语综合运用能力的下降。

SEFC Book 1B Unit 15 Lesson 58 教学案例：

1.Preparation: some pictures

2.Teaching steps:

（1）Presentation

T: What did you have for breakfast this morning? What do you like to eat?

（学生开始饶有兴趣地说出自己喜欢的食物。）

T: Do you think you are fat, thin or just normal? Do you want to be a little fatter or thinner?

（学生提出饮食和身材关系的看法。）

T: Do you know what the western people like to eat? Are they fatter or thinner than our

Chinese? Are they healthier or weaker than us?

（学生根据日常生活中有关西方饮食的知识，提出自己的观点。）

T: What is a healthy diet?

（学生有的说多吃水果和蔬菜，有的说多吃营养丰富的食品，有的说专门吃素。）

T: OK. Let us come to our new lesson to see what a healthy diet is? You look through the text quickly, fill in the blanks on the blackboard, and compare the Chinese diet with the western diet.

（学生迅速阅读课文，完成教师布置的阅读练习。）

（2）Explanation

T: OK. Let's go through the text together to check your answers.

（师生一起阅读课文，检查和更正同学的练习。）

（3）Consolidation

T: Now, let's play a game. Close your books, look at the picture on the blackboard, tell us what is rich in fat, fiber or sugar? See who can do best.

（同学根据教师呈现的图画做出判断，其他同学监督并评判谁表现得最好。）

（4）Exercises

T: Finish the exercise in the workbook. Pay attention to keep a healthy diet from now on.

## 二、自下而上模式

自下而上模式是指在阅读教学中，从识别英语语言中最小的单位字母和单词（底层）到理解句法、语篇（上层）的整体意义。按照这个模式，对整篇文章的理解有赖于对构成篇章的句子的理解，对句子的理解又有赖于对组成句子的词组、词和语法结构的理解，对词和词组的理解又离不开对字母的识别。强调教师在阅读教学前，先为学生解决文中的生词、生句以及新的语法结构等问题。认为学生只要掌握了英语语音、词汇和句法的基本知识,就能理解阅读材料的内容。要求学生根据基本的英语知识逐句地阅读和理解,以达到理解全篇的目的。

SEFC Book 2B Unit 18 Lesson 71 教学案例：

1.Preparing: some chain pictures, a short video

2.Teaching steps:

（1）Greetings

T: How can we understand a story well? Introduce Holmes' secrets: a, e, e, io, o, y.(what, when, where, which, who, how, why)

T: Some people say Holmes' way is helpful for our reading. Is it true? Today we'll check it. And we can find out who is the best Holmes in our class.

（2）Presentation

T: Open your books, turn to words and expressions. Look at the new words of Lesson 71. Now read after me.

（Students began to read the new words.）

T: OK. Pay attention to the cycle, cyclist, road-user. Now I'll explain the new words in details.

（3）Listening

Play the short video, students watch the short video and give a simple description about the text. Students go through the first paragraph, answer the following questions:

When and where was the man riding his bike?

Why was this person cycling in the rush hours?

Why did the driver stop his car suddenly?

Then the teacher explains the difficult points, and tells the main points of paragraph 1.

Students read the last part of the text and answer the following questions:

How many people were going to interview the man?

What does the man mean by saying the "last time we met, I did most of talking"?

The teacher tells the last part of the story in his own words.

（4）Consolidation

One or two students retell the story with the help of the chain pictures.

（5）Conclusion

T: Is Holmes' way helpful for your reading comprehension? What do you think about Holmes' secrets?

OK. From our reading experiment, we can conclude that Holmes' secrets are helpful for improving our reading comprehension; we can use it in our reading practices from now on.

（6）Exercises（Exercise 1 Page 100）

① If the story happened on Monday, when did the man know that he got the job?

A. Tuesday   B. Wednesday   C. Thursday   D. Friday

② The man played the joke to the manager when he knew the manager was the driver of the yellow car because_____.

A. he was always so humorous

B. he liked the manager very much

C. he was a very good friend of the manager

D. he hoped this could make the manager forgive his rudeness

③ According to the text, the manager was_____.

A. stupid   B. rude   C. angry   D. polite

## 三、相互补偿模式

自上而下模式正确批判了自下而上模式"只见树木，不见森林"的弊端，但它完全忽视词义与句法的片面看法也不符合实际的阅读理解过程。即使一个人有很强的分析和推断能力，如果他目不识丁，也不可能进行阅读，更谈不上理解了。

1977 年，美国认知心理学家鲁姆哈特（David E. Rumelhart）提出相互补偿模式。相互补偿模式也称图式理论模式。按照图式理论模式，读者的阅读能力由三种图式，即语言图式、内容图式和形式图式所决定。语言图式是指读者掌握阅读材料的程度。内容图式是指读者对有关文章主题的熟悉程度。形式图式是指读者对文章体裁的了解程度。语言图式是内容图式和形式图式的基础。内容图式的掌握有利于促进读者对文章的理解。形式图式的掌握有利于读者根据文章的不同体裁和结构，去理解和记忆文章的内容。该模式认为阅读是一个复杂的心理语言活动过程，阅读理解是语言知识和人脑中的各种知识共同作用的结果。阅读教学的目标是提升学生的阅读能力。因此，教师在教学中应培养学生对语言图式、内容图式和形式图式的掌握能力。

教师首先要帮助学生扩大词汇量，掌握基本语言知识，为学生调用内容图式和形式图式打下基础。其次，在教学中，给学生提供相应的英语文化背景知识，以丰富学生头脑中的内容图式，培养学生调用内容图式的能力。最后，分析不同文体文章的结构，系统讲授不同文体的特点，为学生的有效阅读创造条件。

相互补偿模式既强调基本语言知识的掌握，也强调读者的已有知识背景。各种知识相互作用、相互影响，而并非仅仅是从上到下或从下到上的单一方向。为了能更好地理解相互补偿模式在阅读理解中的作用，我们来分析一个例子：

Li lei heard the ice cream man shouting in the street. Here membered his birthday money and rushed into the house.

看到这样的句子，大家一般都会这样理解：一个名叫李雷的小孩听到卖冰激凌的小贩在叫卖，他想吃，因此他需要钱买冰激凌，于是他想到过生日时得到的钱，钱在家里，他就跑进屋去取钱买冰激凌。

SEFC Book 2B Unit 14 Lesson 55 教学案例：

1.Preparing: Computer projects and some pictures for teaching made by PowerPoint.

2.Teaching steps:

（1）Introduction

T: Good morning, everyone! We have learned something about satellites. Can you tell me what uses satellites have now?

（学生开始讨论 satellites 的用途。）

（2）Presentation

T: OK. Let's study Lesson 55 and get some help. You look through the text in two minutes and try to find the main ideas.

（学生快速阅读课文。）

T: What is the text mainly about?

（学生各抒己见。）

T: We found the new text is helpful. But where do we start? From the small chart below the picture or the text passage?

（学生提出自己的看法并说出原因。）

T: Yes. It's much easier and quicker to get some specific information from a chart than from a passage. So, we start from the chart which is mainly about early satellites. You read the chart within two minutes and find out the uses of satellites. Ask me if you have any questions.

（学生阅读图表，有问题就向老师请求帮助。）

（3）Explanation

T: Look at this sentence "It (the dog) died because there was no way in which it could be brought back to the earth. When the scientists knew the dog could never be back, they still sent the dog into space".

Here "in which" is used to join two sentences together. We can say, "There was no way. It could be brought back to the earth in no way". When we try to say more clearly about this, we can join the two sentences together like this:

There was no way in which it could be brought back to the earth (in no way).

It's a form always to give more and clearer information to a sentence. For example (present by PowerPoint):

① The video in which the history of America is introduced (in the video) can be found in this shop.

② The video which the history of America is introduced (in the video) can be found in this shop.

But these two sentences are less formal than the above ones. Now tell me the uses of satellites (present by PowerPoint one by one):

① for impractical scientific experiment.

② for finding radiation on the earth.

③ for sending weather information.

④ for sending TV pictures.

（4）Presentation and Explanation

T: Now come to the passage. Read the passage and find the uses of satellites.

（学生阅读 passage，并找出文中提到的 satellites 的用途。教师通过 PowerPoint 逐一呈现。）

① for sending telephone signals.

② for taking photos of the earth and producing maps.

③ for collecting space information.

（5）Listening

Students go through the whole text while listening to the record.

（6）Exercise

① Up to year 2000, how long has it been since the first satellite was sent up into space?

A. 57 years　B. 50 years

C. 43 years　D. 36 years

② How many new members did the organization for sending telephone signals?

A. 17　　　　B. More than 100

C. More than 117　D. More than 83

③ What's the name of the first satellite used for sending telephone signals?

A. Sputnik　　B. Sputnik 2

C. Early bird　D. Early satellite

④ What is the writer's attitude towards Russia and the U.S. that we can infer from the text?

A. Respect to Russia and the U.S.

B. Disrespect to Russia and the U.S.

C. Respect to Russia and disrespect to the U.S.

D. Disrespect to Russia and respect to the U.S.

⑤ Where may the writer most probably come from?

A. China　B. Russia

C. the U.S.　D. England

（7）Homework

Try to find some more uses of satellites and talk about them.

# 第三节　基础英语新课程口语教学模式

## 一、五步口语教学模式

第一步是引入。引入的方式有很多，如利用话题、图片、相关故事、情境等进行描写，创设言语情境；或有目的地复习已学内容，将已学内容置于新的语境和情境中，引发学生的学习动机。

第二步是启发。教师启发学生尝试，在相互交流中呈现新的内容。启发时一要归纳语言材料的中心意义，二要了解学生现有语言水平。

第三步是输入。让学生自己听，让学生直接接触信息源，保证输入的质与量。

第四步是操练。根据新内容的特点，通过多种形式，帮助学生记忆教学内容。要求采用学生熟悉的生活素材，以提高练习的质量。

第五步是输出。将新旧内容结合起来，联系学生生活、思想和社会实际，综合运用所学语言，提高学生运用语言的真实性和流利程度。

## 二、3P口语教学模式

3P 是 Presentation、Practice、Production 三个英语单词的首字母。首先是呈现（Presentation）。教师将要学的英语知识点或句型展现出来，让学生了解学习的目标。呈现的方式强调能够抓住学生的注意力，可以利用图画、声像以及多媒体技术，使呈现的材料真实，贴近生活。其次是操练（Practice）。教师归纳出具体的语言规则或语言功能，然后就语言规则进行操练或者就某个语言功能进行操练。最后是实际对话（Production）。教师设计出具体的话语情境，学生围绕给出的话语情境进行对话练习。

## 三、任务型口语教学模式

任务型口语教学模式就是以具体的任务为载体,以完成任务为动力,把知识和技能融为一体,学生通过听、说、读、写等活动用所学语言去做事情,在做事情过程中自然地使用所学语言,在使用所学语言做事情的过程中发展和完善自己的语言能力。

### (一)任务的设计一般应遵循的原则

第一,任务应有明确的目的。

第二,任务应具有真实意义,即接近现实生活中的各种活动。

第三,任务应涉及信息的接收、处理和传递等过程。

第四,学生应在完成任务的过程中使用英语。

第五,学生应通过做事情完成任务。

第六,完成任务后一般应有一个具体的成果。

在设计任务时,教师应以学生的生活经验和兴趣为出发点,要有助于英语知识的学习、语言技能的发展和语言实际运用能力的提高,要积极促进英语学习与其他学科学习间的相互渗透和联系,使学生的思维能力、想象力、审美情趣、艺术感受、协作和创新精神等综合素质得到发展。

### (二)任务型口语教学阶段

在任务型教学中,通常以每个模块中的主题或每个单元中的话题为某个学习阶段的主题,将教学要求设置为该阶段的学习任务。教师在组织教学时,需要强化语言的应用和习得的过程,充分体现语言的交际本质。任务型口语教学模式可以分成三个阶段,即引入阶段、练习阶段和输出阶段。

第一,引入阶段。向学习者介绍目标语言的形式、意义和用法。为学习者提供一个适当的情境,使之能够反映目标语言的功能与设定情境间的相关度。

第二,练习阶段。为学习者设定一个真实的环境,让他们有大量的机会练习目标语言。学习者通过练习熟悉目标语言。练习阶段可分为控制式、半控制式和非控制式练习。在练习过程中，教师可逐渐减少对学习者语言输出上的控制。

第三，输出阶段。语言输出阶段为学习者提供使用新学语言的机会，同时让新旧语言点都得到综合运用。它为学习者提供了与真实语言相联系的情境。

## 第四节　基础英语新课程写作教学模式

### 一、环境写作模式

有人也称之为任务写作模式。主张在课堂中由学生和教师共同完成某项写作任务，它的重点不在语言的形式上，而在写作任务完成的质量上，使学生能自然地发展他们内在的学习机制。既要注意语言形式，也要以完成写作任务为前提，即语言形式要为写作任务的完成提供服务。教师可以按照写作前期、写作进行期和写作修改期三个步骤进行操作。

#### （一）写作前期

教师提供有特定目标和意义的写作任务，选择的主题应是所有学生都较熟悉的，如记笔记、写感想、写摘要、写试验报告等。而且，不同的任务提供不同的写作素材和语言形式，激活不同背景知识的语言信息，给学生提供课堂上运用真实语言的机会。选好任务并强调其重要性后，学生之间、师生之间根据任务安排交换意见、策划方案、选择方法和寻找信息等。

#### （二）写作进行期

首先要求学生按前期写作中的范文和教师的提示在特定时间内独立完成初稿。之后，教师把学生分为几个小组，提出以下几个问题就其作文进行讨论、计划，并且共同拟定讨论文稿，为后面的报告做准备：你想要写什么？目标是什么？对此任务的态度是什么？对此主题你了解多少？对此题目你感兴趣的是什么？此题目最重要的是什么？通过讨论，学生一起分享他们的写作目的、观点和方法。最后，选几名代表汇报他们的讨论结果，在汇报时除注意以上几个问题，还要注意写作中语言的精确性和流利性。在此阶段，教师只充当观察者或助手的角色，提醒学生注意某些形式以及形式同意义的联系等，使他们顺利地完成任务。

（三）写作修改期

教师带领学生一起讨论他们的作文。教师先分析学生的汇报，并对文章主题、说明主题的例句和观点等提出评判标准。然后，根据这些标准来评价学生的作文。教师还让学生自己评判并产生一致的评价标准。最后，各组可以交换初稿，讨论并根据评判标准修改初稿。同伴的反馈很重要，它可以使一些标准内在化，并且提高他们独立评判他人和自己作文的能力。在此阶段教师还可以针对学生作文中出现的一些问题进行语法练习，使学生的作文在意义和结构表达上更准确、流利。

教师在教学过程中，可以根据具体情况灵活地运用和实施上述教学步骤，以达到最佳的教学效果。教师在运用此模式时，要注意以下两点：其一，在任务具体实施过程中，注意把握意义和语言形式之间的尺度。忽视任务内容，会导致教学任务执行的过程变成语言形式的机械操练，缺乏交际意义；而忽视语言形式，又无法促进学习者的中介语的发展。所以，偏向任何一边都会使此模式失去真正的教学意义。其二，教学中选择的任务要有一定的难度，有一定的复杂性。因为任务过于简单会使学生感到厌倦，不利于学生学习。有组织的任务可使有限时间内的语言学习更有效。

总之，环境写作模式既教会学生怎样在完成一系列任务时运用自己的交际能力，又要求教师不能再用传统的教学法，而要与学生一起面对语言和交际涉及的各个方面。该教学模式体现了外语教学从关注教法转向关注学法、从以教师为中心转为以学生为中心、从注重语言本身转为注重语言习得过程的变化。以任务为本的教学能最大限度地调动学生的主观能动性，培养他们运用语言克服困难、完成任务的能力，并从中发展他们的认知能力和处理问题的能力。

## 二、分阶段写作模式

分阶段写作模式把写作的重心放在学生的写作过程和写作能力上，以学生为中心，使每个学生都能参与写作活动。提倡学习者的相互合作，有利于学生了解自己的写作过程，充分发展他们的思维能力。学生在写作过程中能及时得到读者（老师、同学）的帮助、反馈和指导。分阶段写作模式在培养学生写作能力、调动学生的积极性和开发学生思维能力方面具有良好的作用。

分阶段写作模式要求通过分组讨论来实现学生的积极参与和相互交流，强调通过教师对学生的初稿、二稿、成稿的多次评改来实现教师监控及师生间的充分交流。可以说，教师是否组织、如何组织学生进行小组讨论以及如何对学生的作文做出反馈是分阶段写作模式能否成功的关键因素。分阶段写作模式主张让学生进行适当的仿写练习。首先由教师对所选材料详细讲解，帮助学生理解文章的内容，了解文章的谋篇布局，分析作者的写作手法和技巧。然后让学生运用范文的框架，写出自己所要表达的内容。这种方法一直被视为学习写作的捷径之一，这也是它历来受到人们推崇的原因。分阶段写作模式强调增加课外写作任务，课堂写作的时间毕竟是有限的，仅靠课堂写作训练是难以提高写作水平的。教师在课堂上应布置写作练习，让学生在课外完成。此外，还应让学生养成用英语记日记的习惯，把自己每天想说的话或者所经历的事情用英语记下来，以锻炼英语思维能力和写作速度。分阶段写作模式具体包括以下三种模式：

### （一）三阶段写作模式

三阶段写作模式是指写作过程按三个阶段进行，通常分为写前准备、写作、修改三个阶段。三个阶段不是线型排列的，而是循环往复、穿插进行的。作者的构思、写作、审阅、修改，再写作、再审阅、再修改……这是一个相互交叉、相互包含的过程。每一个阶段在最后成稿之前都可能多次重复进行，文章也会经过多次修改，不断趋于完善。几个阶段反复交替进行，互相渗透、依赖，任何一个阶段都有可能与另一阶段交叉出现，循环往复，贯穿于整个写作过程。

## （二）四阶段写作模式

目前在英语写作教学中，常用的分阶段教学模式是四阶段写作模式。所谓四阶段写作模式是指写作过程按四个阶段进行，即命题讨论阶段、完成初稿阶段、再讨论以深化主题阶段及编辑成稿阶段。

### 1.命题讨论阶段

这一阶段改变以往由教师直接命题的做法，而由教师和学生双方共同提供素材，所选素材可以是师生双方均感兴趣的话题，这类话题能贴近学生的思想，符合其认知阶段的特点，并在其语言驾驭能力的范围之内。组织学生就这些话题进行自由讨论，让学生各抒己见来确定文章写作角度以及可利用的素材。在这一过程中不要强求学生完全确定自己要表达的所有观点。

### 2.完成初稿阶段

学生在讨论的基础上提炼出自己的观点，悉心审视并围绕中心议题展开讨论，尽可能充分地支持自己的观点，并打腹稿。然后学生对腹稿进行取舍，整理出一个提纲，在此基础上进行初稿写作。这样学生在经过自由讨论后所完成的初稿，改变了以往内容空洞、条理不清的状况，能够比较清楚地表达自己的观点。

### 3.再讨论以深化主题阶段

在这一过程中，学生就已完成的初稿进一步展开讨论，内容不仅涉及文章想要表达的观点，而且包括文章的语言形式及组织结构等。讨论过程一方面有助于文章主题的进一步深化，另一方面有助于学生进一步巩固所学的语法和词汇知识。学生在作文中的错误由他们自己发现并进行改正，教师在一旁给予必要的指导及讲解，并加以归纳总结，这样可以使学生的语言体系渐趋完善。这一过程本身对于学生写作能力的提高具有深刻的意义。学生随后根据老师、同学的意见单独修正初稿,也可以与其他小组成员一起修正初稿。

4.编辑成稿阶段

学生通读全文,再次审视文章的内容和结构,进行必要的补充、删减和润色,使文章更加准确地传达意欲表达的观点。最后编辑成稿,交给老师批阅。

### (三)五阶段写作模式

五阶段写作模式是指写作过程按五个阶段进行,分为写前阶段、起草阶段、修改阶段、定稿阶段、反馈阶段。该模式强调对学生写作的反馈。教师在批阅作文时,应注意发掘学生作文中的优点,给予肯定和鼓励。批阅后的作文应在课堂上还给学生,让他们根据教师的标记或符号找出自己的错误并加以改正。学生可以随时向教师请教,还可就教师的评语与教师进行讨论。教师还可以将具有普遍性的问题在课堂上进行统一评讲,把优秀作文作为范文评讲。这样的教师反馈才能对学生有实实在在的帮助,而不是流于形式。

## 三、头脑风暴写作模式

### (一)头脑风暴的基本特征

头脑风暴法,又称智力激励法,是一种集体开发创造性思维的方法,它能广开言路,激发灵感,通常围绕一个话题,在个体头脑中掀起思想风暴,让所有的参与者畅所欲言,并以此诱发集体智慧,挖掘各种有用的信息乃至形成思路。

### (二)头脑风暴写作模式的步骤

头脑风暴写作模式在写作中的应用可以分为审题阶段、初稿阶段、修改阶段和讲评阶段四个阶段。

## 1.审题阶段

教师提供一个作文题目，学生根据该作文题目进行审题立意时，可以采取头脑风暴法，意即像暴风骤雨一样给头脑以猛烈冲击，碰撞出思维的火花。在这一阶段，教师选定一个主题，使学生围绕这一主题开怀畅谈，在较短时间内，自由地、尽可能多地提出自己的想法。教师要把学生谈到的主题一个不少地以板书形式写在黑板上。对于板书的内容，教师最好将其设计成一定的图形，为学生编制一张思维图，以利于学生发挥想象力，积极思考。

## 2.初稿阶段

完成审题后，要求学生用所学过的语言知识来构思，尽可能快地将他们脑海中的思维图草拟成文。教师要对学生讲明这时可暂不考虑布局、语法等问题，而是先把自己的想法用英语记载下来。要求把黑板上板书中的词都用上，不要遗漏任何信息。尽量用简单的句子把完整的意思表达出来。在草稿初步完成以后，再让学生重新考虑作文的布局谋篇、语法、拼写、标点符号等方面的问题。这时，教师要精心观察学生的写作活动，给他们一定的指导。

## 3.修改阶段

修改应包括学生互相修改和作者本人的修改。在英语写作时，个人学习应该和同学间的互相帮助、交流、切磋相结合。教师可以把学生按座位次序分为四人小组，让学生相互批改作文。教师也应参加这种现场修改活动，指导学生对作文的修改可以从结构是否合理、语句是否正确等方面着手。批改者将有疑问的地方做上记号，待互相讨论取得一致意见后再做更正。若出现有争议的问题，可当场请教老师。互相批改以后，重新行文。最后，要求学生再将全文通读几遍，琢磨一下是否符合要求，尽量做到准确无误。如发现错误，可做最后修改，誊写工整，交教师批阅。

## 4.讲评阶段

教师在批阅过程中，应该认真记录习作中存在的带有普遍性和典型性的错误，为讲评课作材料准备。因为教师的批改固然重要，但讲评更重要。讲评首先应该包括文章结构、思想内容，其次才是细节（包括语法、词汇等）的讲评。如果时间有限，讲评可以安排在下一课时。

头脑风暴写作模式对于学生课下的独立写作同样适用。只是写前准备这一步变为学生个人的材料收集，应要求学生尽可能详细地把可以想到的与主题有关的词汇画成一张思维图。然后，用来自思维图的完整材料写出第一篇草稿。成文后，通观全文，调整全文的布局，确定增删的内容，纠正错误的拼写及标点符号的误用，完成第二稿。接着对第二稿进行校对，检查是否遗漏了任何信息以及大小写等问题。最后，完成誊写，定稿。

### （三）对头脑风暴写作模式的思考

#### 1.头脑风暴写作模式的优点

提倡教师指导下的以学生为中心的学习，创设符合教学内容要求的情境和提示新旧知识之间的联系，利用学生的创造性思维能力，让所有的学生进行思维碰撞。构成了有梯度的连续系列过程：任务—激活—交流—再现—重建—创造。注重激发学生的学习兴趣，激发学生的学习动机，重视写前的行为指导和行为矫正，能使写的行为配合想的过程，并把想的成果体现在纸上。这种关注过程的写作方法，有利于学生了解自己的写作过程，提高写作能力。另外，还提倡生生之间、师生之间的协作学习，通过讨论与交流，引导学生发现规律和加深对所学内容的理解，可以充分调动每个学生自主学习的积极性，从而进一步提高学生的自主学习能力。

#### 2.头脑风暴写作模式的要求

教师应注意把握课堂气氛，安排好各阶段的时间，既不限制学生思维的发散，又不使课堂失去控制。学生熟练掌握了该模式的整个写作过程以后，教师要注意培养学生在短时间内完成写作的技巧，尽量要求他们在30分钟内完成每篇短文的写作。另外，教师要延迟评价，鼓励学生提出各种改进意见，以培养学生的创造思维和主体精神。

# 第五章 基础英语教学策略

## 第一节 常用的英语教学策略

### 一、以教为主的教学策略

（一）先行组织者教学策略

先行组织者教学策略是奥苏贝尔（David Pawl Ausubel）意义学习理论的重要组成部分。所谓先行组织者，指在学习任务进行之前教师呈现给学生的引导性材料，目的是以旧知识导入、整合或联系任务中的新知识。先行组织者教学策略的教学过程如下：

呈现现行组织者—复呈现学习任务和材料—扩充和完善认知结构。

在整个教学过程中，教师扮演材料的呈现者、知识和技能的传授者和解释者的角色。

（二）五环节（传递—接受）教学策略

该教学模式源于德国哲学家赫尔巴特（Johann Friedrich Herbart）的四段教学法，后来由苏联凯洛夫等人进行改造后传入我国，在我国广为流行，很多教师在教学中自觉或不自觉地使用这种方法教学。该模式以传授系统知识、培养基本技能为目标。其着眼点在于充分挖掘人的记忆力、推理能力与发挥间接经验在掌握知识方面的作用，使学生比较快速、有效地掌握更多的信息。该模式强调教师的指导作用，认为知识是教师到学生的一种单向传递的作用，非常注重教师的权威性。

该模式根据行为心理学的原理设计，尤其受斯金纳（Burrhus Frederic Skinner）操作性条件反射的训练心理学的影响，强调控制学习者的行为达到预定的目标，认为只要通过"联系—反馈—强化"这样反复的循环过程就可以塑造有效的行为目标。教学过程如下：

激发学习动机—复习旧课—讲授新课—运用巩固—检查效果。

这种教学策略的特点是教学效率高，但不利于学生主动性的发挥。

### （三）九段教学策略

这是美国教育心理学家加涅（Robert Mills Gagne）通过将认知学习理论应用于教学过程中，而研究得出的一种教学策略。加涅认为，教学活动是一种旨在影响学习者内部心理过程的外部刺激，因此教学程序应当与学习活动中学习者的内部心理过程相吻合。

加涅的九种教学事件又被称为九段教学程序，我们可以完全按照这种顺序组织教学活动。然而由于目前九段教学程序被大量应用于讲授式教学中，虽然使讲授式教学更科学化，但却使加涅的九段教学程序被误认为是以教师为中心的教学程序的典范。

### （四）掌握教学策略

英语教学过程是师生信息传递的过程。该策略旨在把教学过程与学生的个别需要和学习特征结合起来，让大多数学生都能够掌握所教内容并达到预期教学目标。掌握教学策略体现了布鲁姆（Benjamin Bloom）提出的"人人都能学习"的观点。基本过程如下：

学生定向—集体教学—形成性测验—矫正—再次评价。

形成性评价是重要手段，教师利用这一手段检查学生知识与技能掌握的情况，让未能达标的学生进行矫正学习。

### （五）情境—陶冶教学策略

英语教学不仅应该培养学生语言交际能力，而且应培养其积极的情感态度。情境—陶冶教学策略通过在创设的某种与现实生活类似的情境下学习，以达到陶冶情操和培养人格的目的，主要用于情感领域类的教学内容。基本过程如下：

创设情境：教师借助于语言描绘、真实演示、氛围渲染等方式，为学生创设生动场景。

自主活动：教师引导学生参加各类语言活动，促使学生在真实情境中参与各种操作活动，不知不觉地进行学习。

总结转化：教师对活动加以总结，帮助学生理解内容和情感基调，促使情感与智力发展协调统一。

### （六）示范—模仿教学策略

英语学习过程是学习者语言技能发展的过程。示范—模仿教学策略是英语教学中常用的策略，主要用于发展学生的语言技能。该策略包括以下四个阶段：

动作定向：教师说明要掌握的行为技能原理。

动作分解：教师引导学生模仿分解动作，修正不正确的动作，强化正确的技能动作。

自主练习：学生将单个技能整合，反复练习，达到娴熟的程度。

技能迁移：将获得的技能与其他技能结合起来，形成更复杂的能力。

## 二、以学为主的教学策略

### （一）发现学习策略

发现学习策略是指让学生通过自己经历知识发现的过程来获取知识、发展探究能力的学习和教学方式，这一学习策略是由布鲁纳提出的。

发现学习策略的一般步骤如下：

问题情境：提出和明确使学生感兴趣的问题，使学生对问题体验到某种程度的不确定性，以激发探究的欲望。

假设检验：提供解决问题的各种假设，协助学生收集和组织可用于得出结论的资料，组织学生审查有关资料，得出应有的结论。

整合与应用：引导学生运用分析思维去验证结论，最终使问题得到解决。总之，在整个问题的解决过程中，要求教师向学生提供材料，让学生亲自发现应得的结论或规律，使学生成为发现者。

这种教学策略有利于培养学生的探索能力和学习兴趣，有利于知识的保持和应用，但花费时间长、效率低，对学生要求较高，较适合理科的学习。布鲁纳的发现学习策略在当今世界上有很大的影响力，虽然其中有些观点具有一定的片面性，但他强调认知、理解的作用，以及发挥学生学习的主动性等，在我国实施素质教育的今天，都是值得学习和借鉴的。

（二）支架式教学策略

这种教学策略认为，教师应该为学习者建构对知识的理解提供一种概念框架（脚手架），它是学习者进一步理解问题所需要的。因此，事先要把复杂的学习任务分解，以便把学习者的理解逐步引向深入。这种思想源于维果斯基（Lev Vygotsky）的最近发展区理论。

支架式教学由以下几个环节组成：

搭脚手架：围绕当前学习主题，按最近发展区理论的要求建立概念框架。

进入情境：将学生引入一定的问题情境（概念框架中的某个节点）中。

独立探索：让学生独立探索。探索内容包括：确定与给定概念有关的各种属性，并将各种属性按其重要程度排序。探索开始时要先由教师启发引导（例如演示或介绍理解类似概念的过程），然后让学生自己去分析；在探索过程中教师要适时提示，帮助学生沿概念框架逐步攀升，起初的引导、帮助可以多一些，以后逐渐减少，逐渐放手让学生自己探索；最后要争取做到就算没有教师引导，学生自己也能在概念框架中继续攀升。

协作学习：进行小组协商、讨论。讨论的结果有可能使原来确定的、与当前所学概念有关的属性增加或减少，各种属性的排列次序也可能有所调整，并使原来多种意见相互矛盾且各持己见的复杂局面逐渐变得明朗、有序，在共享集体思维成果的基础上达到对当前所学概念比较全面、正确的理解，即最终完成对所学知识的意义建构。

效果评价：对学习效果的评价包括学生个人的自我评价和学习小组对个人的学习评价。评价内容包括：自主学习能力、对小组合作学习所做出的贡献、是否完成对所学知识的意义建构等。

### （三）抛锚式教学策略

抛锚式教学策略是由美国范德堡大学的约翰·布兰斯福德（John Bransford）教授所领导的认知和技术项目组于20世纪80年代末至90年代初开发的一种学习和教学策略。

抛锚式教学策略是建立在真实事件或真实问题之上的,确立这类真实事件或问题的行为被形象地比喻为"抛锚"，因为一旦这类事件或问题被确定了，整个教学内容和教学进程也就被确定了（就像轮船被锚固定了一样）。抛锚式教学策略是基于建构主义学习理论的，建构主义强调学习者要想完成对所学知识的意义建构，最好的办法就是到现实世界的真实环境中去感受、去体验，而不是在课堂上听老师介绍或者讲解这种经验。所以在进行意义建构的过程中，抛锚式教学策略始终强调学习者的主体地位，要求以学生为中心进行教学，学习者要主动通过搜集和分析材料、数据，对所学习的问题提出各种假设并努力加以验证，最后在老师的指导下和与同学的讨论中得到正确的结论。

抛锚式教学策略的步骤如下：

创设情境：使学习能在和现实情况基本一致或相类似的情境中发生。

确定问题：在上述情境下，选择出与当前学习主题密切相关的真实性事件或问题作为学习的中心内容（让学生面临一个需要立即去解决的现实问题）。

自主学习：不是由教师直接告诉学生应当如何去解决面临的问题，而是由教师向学生提供解决该问题的有关线索，并要特别注意发展学生的自主学习能力。

合作学习：讨论、交流，通过不同观点的交锋，补充、修正、加深每个学生对当前问题的理解。

效果评价：由于抛锚式教学要求学生解决面临的现实问题，学习过程就是解决问题的过程，即该过程可以直接反映出学生的学习效果。因此，对这种教学效果的评价往往不需要进行独立于教学过程的专门测验，只需在学习过程中随时观察并记录学生的表现即可。

### （四）随机进入式教学策略

该策略避免抽象地谈论概念的运用，而是把概念具化到一定的实例、一定的情境中，使其涵盖充分的实例，并涉及其他概念。同一教学内容要在不同的时间、不同的情境下，用不同方式加以呈现，从而获取对同一事物或同一问题的多方面认识与理解。强调学习者通过多次学习同一教学内容后将能实现对该知识内容全面而深刻的意义建构。

随机进入式教学策略的步骤如下：

呈现基本情境：向学生呈现与当前学习的基本内容相关的情境。

随机进入学习：依据学生"随机进入学习"所选择的内容，呈现与当前学习主题不同侧面特性相关联的情境。在此过程中，教师应注意发展学生的自主学习能力，使学生逐步学会自己学习。

思维发展训练：由于随机进入学习的内容通常比较复杂，所研究的问题往往涉及许多方面，因此在这类学习中，教师还应特别注意发展学生的思维能力。

小组协作学习：围绕依据不同情境所获得的认识展开小组讨论。在讨论中，每个学生的观点在师生一起建立的社会协商环境中受到考核、评论。同时，每个学生也对别人的观点、看法进行思考并做出反应。

学习效果评价：包括自我评价与小组评价。对学习效果的评价包括学生个人的自我评价和学习小组对个人的学习评价，评价内容包括自主学习能力、对小组协作学习所做出的贡献、是否完成对所学知识的意义建构等。

### （五）启发式教学策略

启发式教学策略的创始人是古希腊教育家苏格拉底。苏格拉底的启发式教学策略俗称"产婆术"。

启发式教学策略是指教师在教学过程中根据教学任务和学习的客观规律,从学生的实际出发,采用多种方式,以启发学生的思维为核心,调动学生的学习主动性和积极性,促使他们生动活泼地学习。该策略的主要特点是在师生探讨问题的过程中,教师通过不断地反诘学生思想中的漏洞,来促进学生更深入地思考。

### （六）基于 Internet 的探究式学习策略

第一,选择课题。

第二,解释探究的程序。

第三,搜索相关的资料。

第四,形成理论,描述因果关系。

第五,说明规则,解释理论。

第六,分析探究过程。

## 三、探究发现教学策略

外语教学的根本目的在于培养和发展学生的外语素质。学生的外语素质可以概括为:外语知识与经验、外语学习的内部智力、外语思维能力、外语语言基本能力、外语交际能力和非智力因素六个方面。心理语言学研究表明,外语思维能力既是衡量外语素质高低的重要因素,同时也对外语听、说、读、写能力的发展有着决定性影响。外语思维能力不仅与外语知识水平有关,而且受外语教学与学习模式的影响。教师在选择教学策略时,应有计划、有目的、系统地培养学生的外语思维能力,推动学生整体外语素质的发展与提高。而学生的外语思维能力有赖于学生通过自我探究,在发现语言现象的过程中得到培养。

英语探究发现教学模式是指教师在学生学习英语语言时，只给他们一些事实（例）和问题，让学生积极思考、独立探究，自行发现并掌握相应的法则和结论的一种方法。它的指导思想是以学生为主体，使其独立实现认识过程，即在教师的启发下，使学生自觉、主动地探索语言发展过程和解决问题的方法及步骤；发现语言障碍的起因和语言的内部联系，从中找出规律，形成自己的概念。

## （一）英语探究发现教学模式的理论依据

### 1.建构主义学习理论

建构主义学习理论提倡教师指导下的、以学生为中心的学习。建构主义学习环境包含情境、协作、会话和意义建构等四大要素。这样，我们就可以将与建构主义学习理论以及建构主义学习环境相适应的教学模式概括为："以学生为中心，在整个教学过程中由教师起组织者、指导者、帮助者和促进者的作用，利用情境、协作、会话等学习环境要素充分发挥学生的主动性、积极性和首创精神，最终达到使学生有效地实现对当前所学知识的意义建构的目的。"在这种模式中，学生是知识意义的主动建构者，而不是外界刺激的被动接受者；教师是教学过程的组织者、指导者，意义建构的帮助者、促进者，而不是知识的传授者、灌输者；教材所提供的知识不再是教师传授的内容，而是学生主动建构意义的对象；媒体也不再是帮助教师传授知识的手段、方法，而是用来创设情境、进行协作学习和会话交流，即作为学生主动学习、协作式探索的认知工具。显然，在这种场合下，教师、学生、教材和媒体四要素与传统教学相比，各自有完全不同的作用，彼此之间有完全不同的关系。但是这些作用与关系是非常清楚、非常明确的，因而成为教学活动进程的另外一种稳定结构形式，即建构主义学习环境下的教学模式。

### 2.杜威的理论

美国实用主义教育家杜威（John Dewey）认为："学校中求知识的目的，不在于知识本身，而在于使学生自己获得知识的方法。"这种观点无疑是探究发现法的思想基础。

3.布鲁纳的"发现学习"理论

布鲁纳的教育思想"结构中心，发现中学"强调课程结构，遵循"获得—结构—转换—发现—评价"的运作程序。布鲁纳的"发现学习"理论重点关注培养学习者的探究精神和创新能力。而探究创新教学模式的核心是探究，注重在学习过程中质疑问难，带着问题去研究探讨，这是本模式的重要环节，通过探究发挥布鲁纳的"发现学习"理论的效用。

第一，内部动机作用——使学生形成独立学习的倾向，使学习过程产生一种应有的精神解放效用。

第二，掌握发现的方法——迁移能力的形成。

第三，培养探究的态度——知道怎样获取必要的信息，删除不必要的信息，加工信息并重组信息。

探究发现法虽是一种古老的方法，但并没有明确的定义。有人指其为教法，有人指其为学法，还有人主张应把"靠发现而学习"与"以发现为目标的学习"区分开来。前者是通过发现过程进行学习的方法，而后者则把学习发现的方法本身作为学习的目的。不过，有些人往往把二者结合起来。美国当代认知心理学家、哈佛大学教授布鲁纳认为要培养具有发明创造才能的科技人才，不但要使学生掌握学科的基本概念、基本原理，而且要发展学生对待学习的探索性态度，从而大力提倡、广泛使用发现法。他指出："发现不限于寻求人类尚未知晓的事物，确切地说，它包括用自己的头脑亲自获得知识的一切方法。"

（二）英语探究发现教学模式的结构分析

探究发现策略运用得切合课堂教学实际，有利于培养和提高学生外语核心素养。探究发现教学模式表示如下：

导入—提出假设—概括结论—评价启动—分析综合—验证假设—输出。

探究发现教学模式的目标在于使学生养成探究的思考方法，其方法为使学生透过发现的过程而认知学习的活动。现代的探究发现教学法，将方法与内容视为相辅相成的关系，所谓探究发现的方法，是将发现的过程予以教育上再编制，使其成为一般学生也能学习的途径。

学生最典型的学习过程是：①带着问题意识观察具体事物。②将所得的片面知识逐渐变成现实，并透过组织以提出可能如此的假设，而此假设即成为指示学生探究的方法、方向。③依据第二过程提出的假设，对应其事实而修正，以获得客观的概念。

养成探究的思考方法：发现教学法所要培养的各种能力中最核心者不外乎探究和思考的能力。在开展探究发现教学时，学生的探究活动过程如下：

引起学习兴趣：学生在面临教师设定的新奇未知情境时，固有的思考方式会发生混乱，为了恢复或消除这种混乱，学生必须产生学习的兴趣与想法。

着手分析思考：学生在自己眼前所展开的几种可能行得通的途径中，洞察或展望可能性最大的途径，进而选择其解决的假说，在各种可能性中，选择最好的解决办法。

## （三）英语探究发现教学模式的教学操作

探究发现法基本的、典型的学习过程是：掌握学习课题（创造问题情境）；制定假设，提出解决问题的各种可能的假设和答案；发现和补充，修改和总结。

### 1. 第一环节：导引目标、创设情境

导引目标主要通过导入新课来完成，它是整个教学活动的开局。

第一，教师的主导作用：教师应具有亲和力，创设的氛围要有感染力，选择的内容要有吸引力，能激发学生的学习兴趣和求知的欲望。给学生的学习、研究指明方向，为学生新旧知识、相关学科知识的联结"架桥"。

第二，学生的主体效果：对学习的内容产生浓厚的学习兴趣和强烈的学习动机，从心底发出"我要学"的欲望。

第三，操作的主要技法：教师要以真挚的情感、教学相长的态度、精湛的技能组织教学。①设疑导入法。问题是思维的"启动器"，它能使学生的思维由潜在状态转入活跃状态，易于激发兴趣，生成探究"为什么"的好奇心理。②情境导入法。即创设一种

情境，使学生如身临其境，有利于学生尽快进入学习状态。③悬念导入法。即制造一种悬念，引人入胜，使学生产生"刨根问底"的急切心情，产生一种好奇心和求知欲。理论知识内容适宜用启发讲解、提供信息、点拨指导、设疑等方法。实践体验内容适宜用创设情境、提供学具、演示实验、设计活动等方法。

2.第二环节：提出假设、分析综合

这是该模式的核心部分，是体现主体性的重要环节。

第一，教师的主导要求：教师要以"培养学生创新精神和实践能力"为主旨，训练学生自主进行研究式学习。充分发挥教师的组织调控作用，调动学生的学习积极性。利用师生合作、个体独立思考、小组讨论等形式开展研究式学习。教师要放手让学生自己去体验、去发现，教师的作用在于引导、帮助，不可包办。

第二，学生的主体效果：师生在互动中体验，在体验中发现。通过师生合作、学生间合作，学生自己动手、动口、动脑，去探索语言知识的内在结构及特点，体验知识情境的孕育、产生和发展过程。

第三，操作的主要技法：①掌握研究式学习的类型：一是找特点研究；二是按规律研究；三是发现并解决问题研究；四是实践操作研究；五是总结提炼性研究。前两种类型适用于语法知识的探究，后三种类型适用于阅读篇章的分析或写作规律的探讨。②可采用"留空白"技术、合作技术进行研究体验。

3.第三环节：概括结论、验证假设

学生经过前三个环节的研究式学习，体验和发现了一些原理和规律。教师要在本环节中进一步引导学生探究、发现，鼓励他们创新应用，实现语言的输出。

第一，教师的主导要求：发挥引导、示范作用，努力为学生创造应用、实践、创新的广阔空间。发现学生初步创新的亮点，不求完美，只求有新意。积极鼓励学生"标新立异""奇思异想"，培养其创新意识。

第二，学生的主体效果：能够联系实际运用所学知识，提高说、读、写、做的能力。敢于挑战老师、挑战书本、挑战"标准答案"，善于发现新问题，提出新见解。如在阅读时，能悟出文章的"弦外之音"——文中没有明确表达的却又与主题有关的思想与信息,这是一种对文章的深刻理解和整体理解,是一种合乎逻辑的、超出读物文字符号所传递的信息而进行的逻辑推理能力。

第三,操作的主要技法:①围绕课前设计的"探究发现"展开教学活动。②发扬教学民主的作风,积极热情地鼓励学生展示"发现成果"。

4.第四环节:反思评价、巩固提高

课程结束前,教师指导学生对新学的内容进行回顾总结,使学生加深对新学知识的记忆、理解。培养学生总结、概括问题的能力。

第一,教师的主导要求:启发、诱导、相信、尊重学生的总结,坚持学生"无错"原则。教师要发挥示范作用,指导学生学会小结的基本方法。

第二,学生的主体效果:学生能自觉地静下心来,独自总结思考。动手画出知识结构图,以写促思,以写促记,以写促学。

第三,操作的主要技法:①学生总结出本节课学到的知识、发现的规律、知识间的内在联系。②概括一下通过学习掌握的学习方法,获得的发现和体验。

## (四)英语探究发现教学模式的适用范围

与传统的教学方式相比,英语探究发现教学模式更具有研究性学习的开放性、探究性和实践性的特点,是师生共同探索新知识的学习过程,是师生围绕解决问题共同确定研究内容、选择研究方法以及为解决问题相互合作和交流的过程。这一过程具有以下几点作用:

第一,能提高学生的智力水平,挖掘学生的潜力。

第二,能使学生产生学习的内在动机,增强自信心。

第三,能使学生学会发现的探究方法,培养学生提出问题、解决问题的能力。

第四,由于学生自己把知识系统化、结构化,所以能更好地理解和巩固学习的内容,并能更好地运用它。

# 第二节 基础英语新课程文化导入教学策略

## 一、英语新课程文化导入教学目标

### （一）文化与英语教学的关系

文化是一个国家或民族的历史、地理、风土人情、传统习俗、生活方式、文学艺术、行为规范、思维方式、价值观念等的总和。语言是文化的载体，也是文化的一个重要组成部分。任何一门现存的自然语言都包含丰富的文化内涵，小至单词大到语篇的各个层面上都体现出文化的因素，不具备文化内涵的语言是不存在的。

在现代英语教学中，文化与语言的关系日益受到人们的重视。一个英语学习者，如果不了解英语国家的文化，就不能正确理解和使用英语。语言学习者实际上是文化学习者。英语学习者应当在学习过程中不断建立和发展文化敏感性，在语境教学与真实的语言活动中逐步克服因文化差异造成的困难。在学生用英语进行交际活动时，要学会依据英语国家的文化习俗恰当地表达思想的本领。学习英语要与英语国家的文化结合起来，否则，学生在使用英语同外国人进行交流时容易产生误解，影响交际效果。

### （二）英语新课程文化导入教学的目标体系

我国的英语新课程标准对文化导入教学目标进行了分级描述：

表 5-1 英语新课程文化教学目标

| 级别 | 目标描述 |
| --- | --- |
| 二级 | 1.知道英语中最简单的称谓语、问候语和告别语。<br>2.对一般的赞扬、请求等做出适当的反应。<br>3.知道国际上最重要的文娱或体育活动。<br>4.知道英语国家最常见的饮料和食品的名称。<br>5.知道主要英语国家的首都和国旗。<br>6.了解世界上主要国家的重要标志物。<br>7.了解英语国家中重要的节假日。 |
| 五级 | 1.了解英语交际中常用的体态语,如手势、表情等。<br>2.恰当使用英语中不同的称谓语、问候语和告别语。<br>3.了解、区别英语中不同性别常用的名字和亲昵的称呼。<br>4.了解英语国家中家庭成员之间的称呼习俗。<br>5.了解英语国家正式和非正式场合的服饰和穿戴习俗。<br>6.了解英语国家的饮食习俗。<br>7.对别人的赞扬、请求等做出恰当的反应。<br>8.用恰当的方式表达赞扬、请求等意义。<br>9.初步了解英语国家的地理位置、气候特点、历史等。<br>10.了解常见动植物在英语国家中的文化含义。<br>11.了解自然现象在英语国家中可能具有的文化含义。<br>12.了解英语国家中传统的娱乐和体育活动。<br>13.了解英语国家中重要的节假日及主要庆祝方式。<br>14.加深对中国文化的理解。 |
| 八级 | 1.理解英语中常见成语和俗语及其文化内涵。<br>2.理解英语交际中常用典故或传说。<br>3.了解英语国家中主要的文学家、艺术家、科学家的经历、成就和贡献。<br>4.初步了解主要英语国家的政治、经济等方面的情况。<br>5.了解英语国家中主要大众传播媒体的情况。<br>6.了解主要英语国家与中国生活方式的异同。<br>7.了解英语国家人们在行为举止、待人接物等方面与中国人的异同。<br>8.了解英语国家主要的宗教传统。<br>9.通过学习英语了解世界文化,培养世界意识。<br>10.通过中外文化对比,加深对中国文化的理解。 |

### 1. 二级目标分析

二级目标中的七个教学目标，可以归纳为两类：一是掌握英语文化的知识（第一、第三、第四、第五、第六和第七个目标）；二是培养学生在实际的交际过程中应用英语文化知识的能力（第二个目标）。

### 2. 五级目标分析

五级目标中的十四个教学目标，可以归纳为三类：一是掌握英语文化的知识（第一、第三、第四、第五、第六、第九、第十、第十一、第十二和第十三个目标），在这些目标中，对学生掌握英语文化知识的程度作了区分，第九个目标定为"初步了解"，其余为"了解"；二是培养学生在实际的交际过程中应用英语文化知识的能力（第二、第七和第八个目标）；三是培养学生深入理解我国文化的能力（第十四个目标）。

### 3. 八级目标分析

八级目标中的十个教学目标，可以归纳为三类：一是掌握英语文化的知识（第三、第四、第五、第六、第七和第八个目标），在这些目标中，同五级目标一样，也对学生掌握英语文化知识的程序作了区分，第四个目标定为"初步了解"，其余为"了解"；二是培养学生对文化的理解能力（第一、第二和第十个目标）；三是培养学生的国际视野（第九个目标）。

我国的英语新课程标准对文化教学目标进行了分级描述，比较详细、具体，具有较强的可操作性。它除了提出要培养学生在实际的交际过程中应用英语文化知识的能力，还指出应该通过对中外文化的对比，加深学生对我国文化的理解。

## 二、英语新课程文化导入教学的原则

语言和文化密切相关，英语教学不可避免地要涉及文化内容的教学。在中小学英语教学中，实施文化导入教学要遵循以下原则。

## （一）系统连贯原则

在课堂教学中，根据教材内容导入适当的英语文化内容具有一定的局限性，如文化知识的学习不成体系、文化知识结构不完整等。因此，教师在对英语语言方面的教学进行一学年或一学期的总体规划时，也应对英语文化的教学进行总体设计，努力使文化教学具有一定的系统性和连贯性。根据教学的实际需要，教师可以对英语文化进行专题介绍，如"英语交际中常用的体态语""英语国家中常见的饮料和食品名称"等。

## （二）循序渐进原则

循序渐进原则主要是指英语文化内容的导入应该考虑学生的年龄特点和认知能力，由浅入深、由简到繁，对文化内容进行逐步的扩展和深化。英语教学在起始阶段应使学生对英语国家的文化及中外文化的异同有粗略的了解，教学中涉及的英语国家文化知识，应与学生的日常生活密切相关并能激发学生学习英语的兴趣。在英语学习的较高阶段，要通过扩大学生接触异国文化的范围，帮助学生拓宽视野，使他们提高对中外文化异同的敏感性和鉴别能力，进而提高其跨文化交际能力。

## （三）质量合适原则

所谓合适，一是指在质上，教学内容要精选、实用；二是指在量上，数量要适度，不能喧宾夺主、本末倒置。合适性原则要求教师精心准备一些与学生所学的语言内容密切相关的、与日常交际所涉及的项目及一般话题密切相关的文化内容。比如，在教授"What's your name""How old are you"等问句时，我们不可能因为它们涉及隐私而不教。相反，这些都是在基础阶段应掌握的。但在教这些用语时，不宜用对等的中文"理解"和"模仿"一下就了事，要说明其语用、文化含义，讲明这些问题涉及隐私，不能随便问。

## （四）手段多样原则

现代教育技术的发展使我们的教学手段变得丰富多彩，教师可以从视觉、听觉和触觉三个方面为学生提供学习文化内容的渠道，满足学生的不同学习风格。如电影、录像、录音、访谈、报纸、杂志、文学作品、趣闻轶事、插图、照片、歌曲等都可以被教师开发成教学资源。

# 三、英语新课程文化导入教学的途径

## （一）教材文本

英语课程使用的教材是学生学习和教师教学的重要内容和手段，是导入和学习英语国家文化内容的重要渠道。了解英语国家的生活方式是培养学生文化意识的重要内容之一。

## （二）文化旁白

文化旁白在胡文仲、高一虹的《外语教学与文化》一书中提到过，即在语言教学中，就有关内容加入文化的介绍和讨论。该方法具有一定的有效性及灵活性，能多方面激发学生对所学内容的兴趣，适宜初、高中英语教学。

有些文化内容光是凭教师一张嘴、几根粉笔、一块黑板进行讲解，会让学生感到枯燥乏味，不能生动再现文化的内涵及实质。因此，教师可在平时注意收集有关的电影、录像、图片等资料，让学生通过观看母语为英语的国家日常生活场景，如餐馆服务员与顾客的对话、机场工作人员与乘客的对答、打电话时的用语及各种场合的谈话，引导学生观察谈话者的语调、音调、谈话风格、表情动作、服饰等，在观赏间隙或之后进行文化分析、评价，以加深学生对英语国家文化风俗和习惯的了解。教师还可利用当今信息来源广泛的便利条件，制作多媒体课件，向学生直观再现英、美等西方国家的文化，并做好跨文化的对比教学。

## （三）报告活动

教师可以在每节英语课上，利用几分钟的时间举行报告活动，报告者既可以是教师，也可以是学生，还可以是校外专家，但要以学生为主，以便能够为学生真实地运用英语提供一个练习平台。例如，教师可以设计一个名为"历史上的今天"的专栏节目，组织学生就历史上的今天所发生的国内外的重要事情，在课内外广泛搜集信息，并将信息整理成口头英语报告。在每次英语课上的报告活动时间里，学生把他们自己整理好的英语报告口头呈现给同学。如果有必要，学生还可以在教师的帮助下利用多媒体手段进行呈现。

教师也可以根据教学的实际需要，把每个月的中外节日作为专题，组织学生成立合作小组，分工查找相关资料，并在课堂上进行讲解、演示。这些活动可以培养学生合作、探究的学习态度，加强跨文化意识。

## （四）课外学习

学校可以通过校内的英语广播、板报和其他的英语活动，如英语周、英语竞赛等途径，有效地导入英语文化内容。英语广播可以迅速、及时地报道国内外发生的重大事件和文娱、体育等活动，如新年音乐会、奥运会、世博会、体育赛事等。板报可以专门开设英语学习园地，介绍英语国家的风土人情、幽默故事、笑话等。英语周、英语竞赛等活动可以活跃学校的英语学习气氛，激发学生学习英语的兴趣。

教师可以组织学生就某些学生感兴趣的题目和热点问题，进行合作学习，确定研究主题，明确组员分工；安排学生在课下到图书馆或网上搜集资料，最后在课堂上进行汇报展示。教师在组织这样的活动时，需要对学生进行一定的指导，如提供与研究主题相关的参考书目、网址等。

语言和文化密不可分，交叉渗透。人们在运用语言进行交流思想、表达情感时不可能脱离文化、脱离产生文化的社会环境，因此使用语言进行交际会折射和反映出一定的社会文化。产生文化的社会环境是复杂多样的，文化也由此变得丰富多彩。在英语教学的过程中实施文化教学时，应该注意到英语文化的多样性，如传统的、现代的、生活方面的、工作方面的等，以求能够客观、真实、全面地反映英语文化。

# 第三节　基于新课程理念的基础任务型英语教学策略

英语新课程标准在"教学理念"部分中指出"本课程倡导任务型的教学模式"，在"教学建议"中专门列出第三条"倡导任务型的教学途径，培养学生综合语言运用能力"，并指出"教师应该避免单纯传授语言知识的教学方法，尽量采用'任务型'的教学途径"。因此，我们必须在总结国内外任务型英语教学研究成果的基础上，结合我国当前新课程改革的实践，积极探索符合我国实际的任务型英语教学模式。

## 一、任务型英语教学设计

### （一）任务型英语教学的教学准备

教学准备就是我们通常所说的备课，就是在进入课堂教学之前教师进行的全部准备。迄今为止，我国对中小学英语教学中的教学准备的系统深入的理论研究并不多，从严格意义上来说，对整个中小学英语课堂教学过程的理论研究都不多，更谈不上深入。为此，我们必须从研究分析教学实践入手，借助于理论的指导，来研究课堂教学。

教学准备要从准备人员、准备对象、准备内容、准备方式等几个方面对教学准备要素进行研究分析。

**1. 准备人员**

准备人员应该包括教师、学生、专家与其他人,而不只是教师自己,应该说准备人员主要是教师,但也包括学生、专家与其他人。准备在相当程度上是以教师为主的活动,教师应为教学进行长期和当前的准备。

(1) 教师的长期准备

教师的长期准备包括一般教育理论、英语教育理论、英语知识及其他相关知识、英语运用能力、英语教学能力(含课程实施能力、教材分析能力、课堂教学能力、英语教学方法技巧与教学艺术、学生分析能力)、一般教育技术和英语教育技术、个人心理等方面的准备。

教育理论和英语教育理论的不断发展要求英语教师不断学习新的教育理论和英语教育理论;知识在不断更新,英语教师必须不断学习新的知识;英语教师要培养学生运用英语的能力,自己应当首先具有足够的运用英语的能力;英语教学能力是完成教学任务的基本保证,而教学方法、技巧和艺术,特别是充满激情的符合学生兴趣、针对学生真实困难、遵循学生英语学习机制的教学艺术,更是英语教师的必备之术。同时,教师还必须具有分析把握学生的真实学习目的、兴趣、困难、学习机制、心理生理状态、已有知识能力构成等学习者因素的能力。

教育技术,特别是当前的计算机辅助教学技术,能提高教学效率,加强教学效果,同时教育技术的进步也要求教师不断地学习新的教育技术,形成新的运用技术辅助教学的能力。

教师还应不断调整自己的心理状态,保证以尽可能饱满的热情进行教学,尽量避免自己的不良情绪对教学心情的干扰。

(2) 教师的当前准备

教师的当前准备包括对当前教学内容的分析、对当前教学所需的教学方法和教育技术的选择与设计、对学生当前因素的分析、对当前的个人心理的分析把握等。

人们在讨论教学准备时通常都只讨论教师的准备,其实准备还必须包括学生的准备。学生的准备应该包括对已学内容、已有知识的复习整理,对新的教学内容的预习,对教师教学准备的参与和必要支持,对教师安排的课前的教学准备任务的完成等。我们必须要求学生参与教学准备,而且学生的参与能大大提高教学效率和教学的针对性。不过,这里讨论的仍是教师的教学准备中学生的参与,而并不是学生的学习准备。

教学准备活动也可以依靠专家和其他教师的参与,比如集体备课、向专家和其他人请教、请专家和其他人进行课前指导等,教师应有意识地借助于他人智慧帮助自己进行教学准备。

2.准备对象

教学准备对象应该包括教学内容和学生,也就是通常所说的备课要备教材、备学生,同时还必须备教师自己。

教学内容是直接的准备对象,课文、练习册、运用项目、课外实践活动是重要的教学内容,因为这些是重要的训练和实践的材料。学生也是准备对象,对学生的准备则必须强调真实、全面,要准确把握学生真实全面的兴趣、真实全面的困难、真实全面的英语学习机制、真实全面的心理生理特点、真实全面的已有知识能力。备课还必须备教师,备自己的知识能力,备自己的心理和情绪(根据教学需要及时调整情绪是教师必需的),备自己的教学准备。

3.准备内容

教学准备的内容应该包括与教学有关的一切内容,其中最重要的就是任务的准备,这是学生能否通过教学活动获得运用英语的能力的关键。此外,例句是学生学习语言结构知识并掌握如何运用相关结构的重要的教学内容,练习也是帮助学生掌握和巩固所学知识的非常重要的教学内容。这些内容的重要性常常被忽略。

4.准备方式

教学准备的方式可以是口头的、书面的、电子的等。教学准备的有些内容需要用口头形式完成,比如学生预习单词的读音、教师向学生进行简单的口头调查、教师或学生事先准备的故事等。

教师必须撰写教案,更应进行必要的课堂教学书面材料的准备,特别是完成任务所必需的辅助性的书面材料的准备等。电子方式的准备不仅包括多媒体电子教案的准备，更包括辅助性教学电子材料的准备，比如为了教学活动开设一个专门的电子信箱，甚至设计一个专门的网页，设计一个虚拟的网络人，为学生建立与外国学生的网络联系等。

### （二）任务型英语教学的任务设计

任务设计的程序应该包括以下四个步骤：分析背景、分析教学内容、设计任务、选择教学材料。

1.分析背景

教学准备首先应分析教学的社会因素、文化因素、语言因素、教育因素、教学因素、心理因素等，分析的对象可以包括社会、学校、教师、学生、教学过程、教学策略、教学方法和技巧、教育技术等。

2.分析教学内容

依据任务型英语教学，分析教学内容应该准确把握教学内容的运用能力目的。把握教学内容的运用目的的基本办法是还原法，就是把教学内容不当成教学内容，而将其还原到真实生活的语言形态中去，然后分析我们在真实生活中运用这一语言形态的真实生活目的，如阅读目的、学习目的、写作目的、交谈目的、表演目的、娱乐目的等。

比如，教学内容是一段 Sam 和 Amy 在上学路上谈论天气的对话。如果我们的学习任务是听，那么在真实生活中，我们什么时候会听到这样的对话？我们知道在与他们同行时，会听他们的对话；或者看他们表演对话时，会听他们的对话；或者要学习如何谈论天气时，会找到这一段对话来模仿学习等。这就是还原法。

再比如，阅读一则关于中国航空公司购买大型计算机的新闻报道，那么在真实生活中，阅读这篇新闻的目的是什么？认真分析这篇新闻调查的学习目的以及作者写这篇新闻调查的目的。（如果是对话，则要分析谈话者的交谈目的是什么。）

我们可以分析出截然不同的阅读目的：一般读者可能是为了了解新闻，有人可能是为了获得计算机运用的信息,有人可能是要寻找一个说明中国国有企业实现正常发展离不开技术支持的分析,有人可能是为了了解中国民航这个特大企业的经营现状与发展前景,有人可能是为了寻找一个在技术上有利于提高经济效益的案例,有人可能是为了学习新闻写作,甚至有人可能是为了获得中国经济发展现状的情报,或者是分析中国民用航空转为军用航空能为中国增加多少军事实力,等等。虽不尽相同,但都有可能。

那么,我们认真学习这篇新闻调查的目的又是什么呢?可以是详细地理解这篇新闻以便发现自己需要的信息,可以是学习英文的新闻调查写作的篇章结构,也可以是学习一些新闻写作或客观描述他人观点的语句结构等。此外,作者写这篇新闻调查的目的是什么呢?显然是为了正面反映中国航空公司通过技术改造提供更好的服务这一变化。

任务设计的前提是把握课文的教学目的,因为任务的本质就是运用性。

### 3.设计任务

设计任务是任务型英语教学能否培养运用能力的关键。设计任务必须依据我们分析教学内容时把握的运用能力目的。

我们知道,运用同一语篇的目的可能有很多,但任务只能有一两个。若任务太多,学生无法一次完成。为此,我们应在学期开始前,对全学期的教学内容进行总体分析,根据整体教学进度确定每一单位教学内容(比如每课)的能力培养目标,制订出全学期的运用能力培养计划,这样就能做到有计划、不重复。然后依据本课的能力教学目的设计出相应的运用任务。若没有时间制订全学期的能力培养计划,则在每节课选定一个能力目标,但要注意不断核对以前的能力目标,看是否多次重复出现。当然,必要的重复还是应该的,因为运用能力的培养不可能在一节课的教学中完成,而是需要反复学习培养。

(1)真实任务的绝对性与相对性

任务是否真实是任务型英语教学的关键。这个真实包括语用真实、语境真实、语义真实、目的真实、兴趣真实、困难真实、学习机制真实等。我们尤其要强调语用真实,因为目前的很多教学活动在语用上不真实。

教师在进行教学准备时，应该充分把握学生当前的真实兴趣爱好，按照学生的不同兴趣编排不同的教学内容，安排动态的、符合学生真实兴趣的运用任务。比如，在新学期开始时学生可能对各自的假期生活有深厚的兴趣，教师则可安排学生向外国学生或者英语杂志、英语网站等介绍自己的假期生活。又如，在奥运会举办期间，学生们对中国运动员获得了多少金牌很感兴趣，教师则可安排奥运新闻报告会、奥运金牌预测等活动。也可能全班绝大多数学生都在阅读同一部文学作品，教师则可以组织一次对这部文学作品的讨论会。

如果教师在进行教学准备时认真分析了学生当前的真实兴趣，然后按照学生当前的真实兴趣编排教学内容和教学活动，学生的学习主体性就能在教学过程中得到充分发挥，学生就会带着浓厚的兴趣学习教学内容，参与教学活动，这必然有利于提高教育质量和教学效率。

教师应该在课前准备中，准备英语语言真实的教学内容，特别是例句、练习等教学内容；编排相符的真实语境、能表达真实的英语语义和能进行真实语用训练的教学活动。这样，学生在课堂上学到的是真实的英语，参与的活动是按照真实的英语语义、语境和语用原则编排的，运用英语的能力在学习过程中自然会得到提高。这样的教学准备肯定有利于提高教育质量和效率。

任务应该来自真实的生活，但根据中国是非英语语言社会这一现实，任务的真实性也可以具有相对性，也就是说，指向真实生活的运用任务也可以视为真实的运用任务。

（2）任务的设计程序

我们可以直接从真实生活中选择适合的任务，但可能很多直接来自真实生活的任务对学生来说难以完成，或者是能力差距太大，或者是不符合学生的真实兴趣，也可能难以解决学生的真实困难。因此，任务设计就显得非常必要。课堂教学中的任务必须依据课堂教学内容开展，设计教学内容可依照以下程序：

①分析教学内容，在把握教学内容的知识性目的的同时，分析出教学内容的运用能力目的。需要注意的是，目前只有少数教材明确指出了教学内容的运用能力目的，还有

很多教材并没有为教师指出教学内容的运用能力目的,而很多教师也往往根本不分析教学内容的运用能力目的。

②从教材提供的运用任务建议中选择适合的任务,根据不断变化的真实教育因素和教学因素调整任务,并设计出具体的运用性任务。若教材没有提供任务建议,则可以根据实际条件,自己选择或创造合适的任务。

③检查任务是否符合任务的特征,并根据需要进行适当调整。教师设计的任务科学与否,是可以在教学准备中核准的,因此我们在制定好任务之后,必须进行检查,看语用、语境、语义、目的是否真实,并到学生中进行核准,看我们设计的任务是否符合学生的真实情况。

（3）完成任务的途径

在中国这个非英语语言社会中,缺乏足够的英语环境让学生在社会生活中自然地获得英语运用能力。因此,可以采取以下措施,来帮助学生完成任务。

①网络途径。在当今这样一个开放的时代,教师可以通过互联网建立国际联系,有很多的国际英语教育网站,都免费地提供英语学习指导和辅导,也很欢迎学生经常访问、提问以及建立直接的联系。通过这些联系,学生可以与英语国家的人进行直接的交往。现在网络的收费很低,是低成本的国际联系方式,更是非常真实的运用英语的环境。我们非常鼓励英语教师帮助学生通过网络建立直接的国际联系,设计基于国际互联网的真实运用任务,开展基于国际互联网的英语教学。

②社会环境。现在我国已经形成了广泛的对外开放局面,大量的外国游客来中国旅游,也有很多外国人到中国工作和学习。现在比以往任何时候都能更容易通过学校,建立起真实的英语运用的社会环境。

比如可以与地方旅游部门建立联系,欢迎外国客人来学校参观,与学生开展座谈会,或者派学生参加当地组织的一些国际性的旅游活动,或者与学校附近的外国工厂、企业、学校等建立联系,与在这些单位工作、学习、生活的外国人及其家人建立直接的联系。还可以通过外事部门,参加一些国际性的学生活动,如外国学生来访,或者中国学生出访，或者组织国际性的夏令营等。

③教育环境。英语不仅是社会性的语言，对于中国的中小学生来说，更是教育性语言。因此，我们可以采取以下措施来建立真实的运用英语的教育环境。

第一，要求每个学生结交一个学习英语的笔友和一个英语学习伙伴。笔友可以是国外的，也可以是国内的，但不能是本地的，否则没有通信的必要。学习伙伴应该是本校的或本地的、能经常见面的，但不应该是本班的，否则就失去了经常交谈的必要。笔友可以互相通信、写贺卡、发电子邮件。学习伙伴应定期见面交谈，比如将每周的某一个时间段定为全校的英语学习伙伴交流会。

第二，要求每班办一份英语报纸或每校办一种英语刊物。班上的报纸可以是黑板报、墙报等，也可以是印刷品，还可以是电子报。英语刊物可以是油印的，也可以是比较正式的印刷品或电子刊物。这些都要向全体学生开放，并定期（如每月）要求每个学生投稿。还可以组织学生学习英语电子报刊，特别是与外国中小学生的交流，尤其是在中学阶段，这一活动具有相当强的真实运用性。

设计任务时必须考虑学生认知能力的发展情况，在学生刚刚开始学习英语时，我们不可能要求每一项任务都是真实的、具有运用性的，因为学生不可能在没有任何语言积累的情况下运用语言，这与母语学习是一致的。在学生学习一些基本的语言之后，我们可以在适当时间内专门组织一些真实运用活动，让学生把所学知识、所形成的能力运用到真实的任务中去。

4.选择教学材料

教师在设计任务之后，就要选择教学材料，这些材料主要是完成任务所必需的：包括启动材料、导入材料、呈现材料、解释例释材料、复习巩固材料等。任务型英语教学特别强调例句和练习的真实性，这些都可能比课文更重要，比内容固定不变的课文更能激发学生兴趣，比课文和测试卷更能让学生在运用中练习、在练习中掌握、在掌握中运用，最终获得应用的能力。

## 二、任务型英语教学的教学过程

任务型英语教学的教学过程应该包括以下几个环节：

### （一）复习

复习是指学生对已经掌握的知识的再次学习，其目的是激活学生已有的知识能力。当然，我们不可能一次性激活学生所有的知识能力，而是激活有利于学生掌握此时要学习的教学内容的已有知识能力。一般来说，我们激活的是指向新的运用能力的已有知识能力，但若新的学习内容中存在较难的知识点，我们也可以激活指向弱化学习难点的已有知识能力。

### （二）明确学习目标

让学生明确学习目标，可以使学生马上将注意力转移到学习内容上来。特别是当教学内容是一篇课文，而学习任务是阅读策略时，让学生明确学习目标就尤为重要。学习目标的明确有利于学生参与学习过程之中，有利于学生最终完成教学目标。

### （三）呈现任务

我们可以用学生最感兴趣的方法呈现学习任务，比如看动画片、听故事、看图猜测故事内容等，当然也可以是直接的阅读课文的方式。这时最为重要的就是指向运用能力目的的学习内容的教学。比如一篇关于购物的对话，我们的学习任务是听懂数字，那么买的什么东西、在哪里买的、什么时间去买的等，就不是我们指向运用能力目的的学习内容了，而价格、数量、找零等才是指向运用能力的学习内容。我们的教学就应该主要围绕这些内容展开，而不应该围绕买的什么东西、在哪里买的、什么时间去买的等问题。

这是任务型英语教学与一般的课文教学在根本上的不同，只有真正指向运用能力的教学才能说是任务型英语教学。

## （四）完成任务

任务的完成是任务型教学过程的关键环节。学生通过完成任务，将在前一环节中学到的知识和形成的技能转化成在真实生活中运用英语的能力。这一环节可以在教学过程中通过教师的指导完成，如可以安排在教学内容完成之后或是课堂教学的最后阶段内完成，也可以安排在课后完成。一般短期任务直接在本单元的教学中完成，而长期任务则可以在规定时间内（最好不超过一个学期）完成。对于那些能力要求较高的任务可以要求学生集体完成，一些能力要求适宜的任务可以要求学生单独完成。一项真实生活任务的完成也就是一个真实运用任务的教学程序的结束。

## （五）反馈强化

中国是一个非英语的社会，学生通常只是在英语课堂上学习英语，在真实生活中强化巩固所学知识、技能、文化、情感等的机会还不够多，因此我们必须在课堂教学中及时地强化，发现问题之后要及时地反馈。

# 第六章　基础英语新课程资源开发与课程优化

## 第一节　课程资源的内涵及其分类

### 一、课程资源的内涵

课程资源是相对于课程的一个概念。课程是按照一定的教育目的，在教师有计划、有组织的指导下，学生与教育情境相互作用而获得有益于身心发展的全部教育。提到课程资源，人们会联想到学习资源、教学资源和教育资源。学习资源是指在教学系统和学习系统中，学生在学习过程中可以利用的一切显现的或潜隐的条件。例如，教科书、语言实验室等学习资源是显现条件，而戏剧院、博物馆等非专门设计的学习资源就是隐性条件。教学资源指那些为了有效开展教学而提供的各种可资利用的条件，既包括教材、案例、影视、图片、课件，也包括教师资源、教具、基础设施等。教育资源是人类社会资源之一，它是自有教育活动和教育历史以来，人类在长期的文明进化和教育实践中所创造和积累的教育经验、教育知识、教育技能、教育资产、教育费用、教育品牌、教育制度、教育理念、教育人格、教育设施以及教育领域内外人际关系的总和。

课程资源又是指什么呢？吴刚平认为，课程资源的概念有广义和狭义之分：广义的课程资源指有利于实现课程目标的各种因素,狭义的课程资源仅指形成课程的直接因素来源。徐继存等人认为，课程资源是课程设计、实施和评价等整个课程编制过程中可利用的一切人力、物力以及自然资源的总和，包括教材以及学校、家庭和社会中所有有助于提高学生素质的各种资源。吴刚平给出的课程资源的定义便于了解狭义和广义的课程资源，徐继存等人给出的定义更为具体化，据此可以把综合英语课程资源定义为：综合英语这门课程设计、实施、检查、评价等整个课程编制过程中可资利用的、富有教育价值的人力、物力和自然资源的总和，包括教材以及学校、家庭和社会中所有有助于提高学生素质的各种资源。其中，人力资源包括教师、学生、学生家长、社会人士等，也包括以英语为母语的留学生、外籍教师、外籍游客和在华外籍工作人员；物力资源包括教师在教学过程中使用的教材、投影仪、教室，图书馆的藏书，学生开展自主学习时所用的教室等；自然资源主要包括名胜古迹、自然风光等。

宋振韶认为，从包孕与被包孕关系来看，教育资源和学习资源明显比课程资源和教学资源所涵盖的范围要大；而学习资源被包孕在教育资源中，属于教育资源的一部分，课程资源比教学资源所涵盖的范围要广一些，教学资源的范围最小。这种包孕与被包孕关系也能解释许多英语教师为什么把课程资源简单地理解为"教科书"，认为教材和教学辅助用书就是唯一的课程资源，忽视了其他形式的课程资源的存在，更谈不上对这些课程资源的开发和利用。这些教师一直奉行把教科书教好的原则，严格遵循教学大纲和执行教学计划，周而复始地实施着教学。

## 二、课程资源的分类

课程资源丰富繁杂，随处可见。高效的课程资源建设和利用必须立足于课程资源有效的分类和管理。对于资源分类，不同的认识角度导致了不同的分类。按照空间标准分类的校内课程资源指学校内部的课程资源，如图书馆、自主学习中心这样的场所和设施资源；教师、学生、校园文明建设这样的人文资源；第二课堂活动、座谈会、讨论会等与教学活动密切相关的活动资源。校外课程资源主要指学生家庭、社区乃至整个社会中能够用于教育教学活动的设施和条件，以及丰富的自然资源。校内课程资源是课程资源开发和利用的基础，是校外课程资源开发和利用的先决条件。值得一提的是，校内课程资源和校外课程资源这种课程资源二分法随着互联网的出现遇到了问题。那些海量的网络信息既不能归为校内课程资源，也无法划归到校外课程资源，它跨两大类，只好将它单独列出。

按照存在形式划分的显性课程资源指那些看得见、摸得着的课程资源，如综合英语教学光盘、图书馆、语音实验室；隐性课程资源是指以潜在的方式服务于教育教学活动的课程教学资源，如奋发向上的和谐学习氛围、校风校纪等。显性课程资源容易开发和利用，对教育教学活动的影响很直接，而隐性课程资源的开发和利用需要一定的周期，对教育教学活动的影响也较为间接。

按照物理特性和呈现方式划分的文字课程资源主要指教材这样的显性课程资源；实物课程资源有多种表现形式，与综合英语课程建设关系非常密切的有教学光盘、图书馆阅览室、语音实验室、同声传译室等；活动课程资源主要指为强化学生某种能力而开展的第二课堂活动，如朗诵大赛、演讲大赛、辩论赛等；数字化课程资源具有信息容量大、网络化等特点。

按照属性划分，课程资源首先可以分为物质的课程资源和非物质的课程资源两大类。物质的课程资源包括人力课程资源和物力课程资源，非物质的课程资源可以分为思想课程资源和知识课程资源。人力课程资源和物力课程资源在前面已经加以讨论，这里不再赘述。思想课程资源指一切可能参与教育教学活动，影响课程活动的各类人员所具有的全部思想；知识课程资源指在设计课程时，可供选择的知识总和。

按照功能划分的素材性资源包括知识、技能、经验、活动方式与方法、情感态度和价值观以及培养目标等方面的因素，而条件性资源则包括直接决定课程实施范围和水平的人力、物力和财力，时间、场地、媒介、设施和环境以及教师对于课程的认识状况等因素。

从上面的论述可以看出，课程资源类型的划分反映了一种多维思考方式，丰富了人们对课程资源的认识，有利于强化教师和学生的课程资源意识，也有助于教师能多渠道、多模式、多维度地为学生创造学习英语的机会。

课程资源是形成课程的要素来源以及实施课程的必要而直接的条件。它包括构成课程目标、内容的来源和保障课程活动进行的设备和材料。课程资源的分类多种多样，按课程资源的作用特点可以分为：素材性资源和条件性资源。素材性资源是指形成课程的素材或来源，包括各种知识、技能、经验、智慧、情感体验以及价值观等因素。它们的特点是作用于课程，并且能够成为课程的要素。条件性资源是指实施课程的基本而又必要的条件，它在很大程度上决定着课程的实施范围和水平，包括人力、物力、财力、时间、设施和环境等因素。

按课程资源的形成可以分为预成性资源和生成性资源。预成性资源在课程实施之前就已形成，与课程的实施没有必然联系。如图书馆、语音室、教科书、课程计划等。生成性资源在课程实施过程中形成，与课程的实施有直接联系。包括在课堂教学中，教师和学生对课程的创造性理解，以及师生互动联合创造的教育经验。

按课程资源的空间分布可以分为校内资源和校外资源。校内资源就是学校范围内的资源。学校范围外的资源就是校外资源。校内资源和校外资源对于课程的实施都是十分重要的。考虑到利用的经常性和便利性，校内课程资源开发应居主要地位。但这并不意味着忽视校外资源的开发和利用。相反，我们应在以校内资源为主的基础上，重视校外资源的开发和利用，帮助学生与校外环境进行交流。

依据不同的划分标准，课程资源还可以分为其他的不同类型。但是，各种课程资源之间没有绝对的界限，它们有着密切的联系。如生成性资源中就含有大量的校内资源和校外资源，校内资源又包含素材性资源和条件性资源，条件性资源又包含生成性资源。

英语新课程标准对英语新课程资源的开发和利用提出了新的目标和要求，这就是以英语教材为核心，学校利用现有的资源，开拓教与学的渠道，更新教学方式，增强英语教学的开放性和灵活性。尊重教师开发课程的主体地位，鼓励和支持学生参与课程开发。既要充分利用信息技术和互联网，也要考虑实际条件，量力而行。

# 第二节 基础英语新课程资源开发原则

## 一、适应性原则

适应性原则包括三个方面：一是适应学生的需要。课程资源开发要符合学生的兴趣爱好，与学生学习的内部条件相一致。二是与教师的教学水平相适应。教师不能驾驭的课程资源没有利用的可能性。三是与学校的自身条件和特点相适应。学生需要的课程资源有很多，学校不可能满足每一个学生的全部需求。因此，学校应立足于现实状况，优先选择和开发适合本校实际情况的课程资源。

## 二、公平性原则

学校所拥有的资源的优劣，意味着学生的发展机会是否平等，而机会不平等就会影响教育公平。因此，社会要建立公平分配课程资源的机制，平等地对待所有学校，公平地分配课程资源；学校内部也要公平地分配课程资源，使每个学生都能享受平等的教育机会。

## 三、发展性原则

新课改的一个重要目标就是促进每一位学生的发展。因此，选择的课程资源首先要能促进学生的发展。通过课程资源的开发，能够使学生利用资源来更好地学习、探究和实践。其次是促进教师的发展。课程资源开发对教师提出了新的挑战。教师的素质状况、教学水平决定着课程资源的识别范围、开发与利用的程度，以及发挥效益的水平。因此，课程资源还要促进教师的发展，以便于教师与课程资源之间形成一个良性循环。

## 四、全面性原则

课程资源的开发要全面考虑，挖掘一切可能的课程资源，为教学服务，为教师和学生的发展服务。从我国目前的三级课程管理的政策角度来看，可以将课程资源分为三个级别，即国家课程资源、地方课程资源和学校课程资源。

国家课程资源主要是指关系到国家教育发展、国家课程开发的课程资源。它主要包括：保证国家组织安全运行和发展的政治思想以及制度化的法律法规；保证培养增强国家竞争实力的人才所需要的资源的充足；保证民族文化延续和发展的民族文化资源。

地方课程资源是指国家内部的各地方具有的政治、经济、文化、风俗、组织等方面的独特资源。地方课程资源是强调地方特色和差异的部分。开发地方课程资源，保证地方文化传统的继承和发扬，是在全球化时代继续保护人类文化多元特色的重要途径。

学校课程资源主要指教师经验、学生经验、教材、学校设施、教学时间等。

第一，教师经验课程资源主要是指教师丰富的思想内涵、知识修养、教育技术等。这些既要成为课程活动的组成部分，又要成为教师自我反思和评价的对象。

第二，学生经验课程资源主要是指学生的心智发展状况、知识程度、学习习惯、个性品质等。学生是学校课程活动的主体，学生的经验资源是课程活动的重要基础，任何课程活动都不能离开学生经验资源。

第三，教材是学校重要的课程资源，是学生学习的重要依据，但它并不是学生课程活动的唯一来源。

第四，学校设施包括保证课程实施的各项必要的设备与条件，如教学场所、图书、仪器等。

第五，时间资源是指教师与学生进行课程活动所可能利用的时间，它的总量极为有限，是最为宝贵的课程资源。

# 第三节　基础英语新课程资源开发途径

英语教学的特点之一是使学生尽可能多地从不同渠道、以不同形式接触和学习英语，亲身感受和直接体验语言及语言运用。因此，在英语教学中，除了合理有效地使用英语教材，还应该积极利用其他课程资源，特别是报刊与广电节目、网络资源、校本课程、英语教师、学生等课程资源开发途径。

## 一、英语教材

英语教材虽然不是唯一的课程资源，但仍然是英语新课程资源的核心部分。教育行政部门和学校要保证向学生提供必要的教材。作为学校英语教学的核心材料，英语教材除了学生课堂用书，还应该配有教师用书、练习册、活动册、挂图、卡片和配套读物等。学校应在教育主管部门的指导下，在与教师、学生和家长协商的基础上，选择经教育部门审定或审查过的教材。

所选用的教材应该具有时代性、基础性、选择性、发展性、拓展性、科学性和思想性；应该符合学生的年龄特征、心理特征和认知发展水平。教材应该语言真实、内容广泛、体裁多样，能激发学生的学习兴趣，开阔学生的视野，改变学生的思维方式。根据英语教学的特点，学校可以适当选用国外的教学资料，以补充和丰富课堂教学内容。

当然，对于选定的教材内容还应当根据需要和学生实际水平做适当的补充和删减，也可以用其他内容替换。要对教学内容加以设计，合理安排教学程序和教学方法。

## 二、报刊与广电节目

除了英语教材，学校和教师还应积极开发和利用其他课程资源，如报刊，原声录音，日常生活资料，广播、电视和电影等。要充分利用图书馆、语言实验室和音响设备等基本的和常规的教学设施。教育行政部门和学校要尽可能创造条件，为英语新课程提供这些教学设施。条件较好的学校还应该为英语教学配备电视机、录像机和计算机等多媒体设备；应尽可能创造条件，建立视听室，向学生开放，为学生的自主学习创造条件。学校要组织学生收看或收听难度适当的英文节目，也可以对节目进行录制、保存。学校还应订购一定数量的适合学生的英文报刊，鼓励学生积极阅读，扩大学生的英文阅读量。

### （一）报刊

今天学生可能接触到的英文报纸和杂志有很多，比如《英语周刊》《中国日报》等，这些报刊具有很强的新闻性，能及时反映国内与国际时事，同时还有不少与中小学生英语水平相适应的英文知识和练习题。可以肯定，利用这些刊物可以增加学生学习英语的机会，并能使其学到许多新的表达方式。

### （二）原声录音

例如可以要求学生每周听一篇《新概念英语》（第三册）中的短文录音，并模仿录音向全班朗读。利用可以获得的原声录音材料，可以培养学生对英语的真实感，促进学生语音语调的标准化。

### （三）日常生活资料

在我们所处的生活环境中，有许多汉英并存的资料，如产品说明书、博物馆的简介等，它们都可以成为英语新课程资源。

## （四）广播、电视和电影

现今不少广播、电视都有英语栏目。原版的英语电影和录像与英语国家社会生活接近，有利于学生了解外国文化。可以每周组织学生观看一部原版英语录像，如 *Home Alone*、*The Sound of Music* 等。这些可以让学生了解英语国家的生活，有助于促进学生对英语的学习。

## 三、网络资源

在开发英语新课程资源时，要充分利用信息技术和互联网。专门为英语教学提供服务的网站为各个层次的英语教学提供了丰富的资源。另外，计算机和网络技术又为学生的个性化和自主学习创造了条件。通过计算机和互联网，学生可以根据自己的需要选择学习内容和学习方式，具有交互功能的计算机和网络学习资源还能及时为学生提供反馈信息。另外，计算机和网络技术可以使学生之间相互帮助，分享学习资源。因此，各级教育行政部门、学校和教师要积极创造条件，使学生能够充分利用计算机和网络资源，根据自己的需要进行学习。有条件的学校还可以建立自己的英语教学网站，开设网络课程，进一步增强学习的开放性和灵活性。与其他传统的教学手段相比，网络资源有许多优点：因为网络资源信息量大，可以说是一个取之不尽的信息海洋；交互性强，使用网络可以在一个比较实际的语言环境中进行相互交流；知识更新快，网络上的语言与实际生活中的语言实现同步发展；趣味性强，网络内容生动活泼。在信息化时代的今天，网络在英语新课程资源的开发和利用中，越来越凸显出其重要性。

### （一）网络资源的价值

#### 1.扩展学习时空

网络技术的发展将扩大学校教育的时间和空间，使学生从一个封闭的班级走向一个无班级、无年级,甚至无国界的广阔的学习空间,将学生和教师从时空的桎梏中解放出来,教师可随时随地教,学生可以随时随地学。

我国的很多学生很少接触来自英语国家的人,很少有机会与母语是英语的人进行交流。通过互联网,学生可以与在中国的外国人在网上进行交谈,还可以以电子邮件的形式结识外国朋友,提高英语写作能力。互联网上也不乏英语爱好者或者英语专家,学生可以与之交流心得,吸取他人的学习经验。

2.提高教学效果

网络教学环境集图、文、声、色于一体,有极其丰富的表现力,可以打破传统的教学模式,在有限的时间内给学生提供多种训练方式,大大丰富课堂教学的信息量,提高教学效果。

3.激发学习兴趣

心理学研究表明被动学习的东西是不会长久留在大脑中的。学生如果对学习的内容感兴趣,就会表现出主动性、积极性和自觉性,在学习中享受到一种愉快的感觉,而不是一种负担。从某种意义上说,兴趣就是学习的动力。利用网络技术,可以下载各种生动的资料,它们多有切入、飞入、螺旋等动画效果,配上声音和颜色,效果会更好。这些直观材料对于激发学习兴趣很有作用。

(二)网络资源在英语教学中的应用原则

网络具有形象生动、信息容量大、传输速度快等特征,对培养学生的英语学习兴趣和提升英语素质都具有促进作用。教师在运用时要把握以下几个要点,不可滥用。

1.熟练性原则

这是最基本的前提,要想取得良好效果,英语教师必须熟悉计算机的软硬件设备,以便能及时解决学生运用计算机的过程中出现的技术问题。教师要学会通过电子邮件与学生进行交流,与其他同仁进行探讨。还应学会选择适当的课件,利用计算机制作一些简单的英语教学课件,并能从网上下载一些英语教学所需要的教学资料。

### 2. 适度性原则

网络只是一种教学辅助手段，有着许多优点，但是它不能取代教师的主导作用。课堂中学生出现的问题多种多样，计算机只能在课件范围内帮助学生，而不能解决课堂内所有的问题。过多的多媒体教学课件的展示会使得本该富有情感的师生交流变成冷冰冰的人机对话。况且任何课件都有一定的局限性。即使课件很理想，如果没有科学的教学原则作为指导，仍然不能取得预期的效果。因此，用网络资源辅助英语教学应把握好适度性原则。

### 3. 批判性原则

网络是一个传递各种信息的快速便捷的渠道，它在传递有益信息的同时，也会传递各种不健康的内容。因此，必须保持高度的批判性，才不至于阻碍学生的发展。

## （三）英语教学中应用网络资源的方式

### 1. 从网络上下载英语教学课件或软件

从网络上下载课件或软件辅助英语教学的形式比较多，有操练、情景模拟、对话、游戏和检测等。

### 2. 从网络上浏览或下载英文阅读材料

网络上可供浏览或下载的英文材料形式多样，比如英语新闻、英语名篇、英语练习等。网络提供的这些材料多数具有新颖性、趣味性、及时性等特征，对读者有很强的吸引力。因此，利用网络资源可以丰富学生英文学习的资料，增加学生英语学习的机会。

### 3. 把网络作为交流的平台

网上对话、网上聊天、网上传递信息都是网络给人们带来的交流平台。对于英语教学来说，利用网络，师生之间、同学之间可以互相发送电子邮件，用英文对话、聊天等。这些活动无疑有助于提高学生英语学习的自觉性和积极性。

### 4. 参加网上学校的学习

现代远程教育通过计算机网络开展得十分便利，各种网上学校更是层出不穷。通过网络，学生可以随时参加各种形式的学校培训。网上英语学校和英语培训班提供多种形式的教材，也提供多种形式的测验试题。这不仅为学生提供了学习机会，而且降低了学习费用。

## 四、校本课程

### （一）英语校本课程开发的意义

1. 弥补国家课程的不足

国家课程是由国家教育行政管理机构组织专家决策、编制的面向全国的课程，具有普遍性和基础性。但是，各个地区的社会、经济、文化的发展水平不同，教育需求各异，各个学校的办学条件存在差别，师资力量参差不齐。再加上国家课程的修订周期长，缺乏灵活性，不能及时反映科技进步的成果。因此，在国家课程的推广中，无法达到理想效果。校本课程开发是指按照国家课程标准，以学校的主客观条件，以及当地的经济文化为基础，及时融进学科的最新发展动态，为学生提供可供选择的多样化课程，以满足学生和社会发展的需求。校本课程是我国三级课程管理的重要组成部分，校本课程开发可以弥补国家课程的不足。

2. 满足学生的不同需要

新课改的目标之一是培养学生基本的信息能力，获取符合信息时代需要的各类知识。人是有个性的，能自主学习、自主发展。应该尊重学习者的差异性，提升学生的主体性。校本课程开发从时代需求和学生特点出发，开设适应社会需要、适应不同学生发展的多样化课程，调动学生的学习积极性，发挥学生的学习主动性，培养学生的创新意识和创新能力，引导学生自主地解决问题。

3. 能够提高教师专业水平

国家课程通常由专家设计、编定，教师只是课程的被动消费者，如果教师不能很好地领悟课程设计者的意图，课程实施就难以达到预期的效果。教师作为课程的实施者，对学生的兴趣、能力、需求最为了解，课程开发应该成为教师工作的一部分。校本课程开发赋予了教师一定的自主权,为教师发挥创造性提供了机会,充分调动了教师参与课程开发的积极性。在课程开发过程中,教师个人不断研究、实践,教师集体互相合作交流,有助于教师课程意识的增强,专业水平、科研能力的提高,促进国家课程和地方课程的实施。

### (二) 英语校本课程开发的障碍

校本课程开发和利用无疑是一件好事,对于英语教学很有价值。但是当前我国在校本课程开发和利用中还存在许多不利因素,主要表现为以下三点:

#### 1. 学校资源不足

每一所学校有着不同的人力、物力和财力资源,如何利用现有的资源满足学生的需要是一件重要而又比较困难的事情。校本课程开发除了需要学校内部领导与教师的沟通以及学校与家长、社区的沟通,还需要一定的设施和设备,以满足学生的需要。

#### 2. 传统的教学观念根深蒂固

长期以来,我国英语教学一直是唯教科书至上,教师讲解教科书,学生学习教科书。学生习惯于被动地接受知识,教师习惯于照本宣科。如果要教师离开教科书编写英语教材,设计教学内容及有关活动,一是时间精力不够,二是教师担心出错,给学生造成不良影响。

#### 3. 教师缺乏足够的培训

教师的素质决定着课程开发的程度和质量。校本课程的开发给学校和教师提出了很高的要求。教师要转变教育观念,提高专业素质和教学能力,需要接受系统、连续的校本培训。课程开发不是短期内能轻易完成的,一些教师难以真正地参与校本课程的编制、实施、评价和修订,这势必会影响校本课程的质量和连续性。校本课程的开发和利用需要学校提供额外的人力、物力和财力,教育资源的耗费高于实施国家课程。

### (三) 英语校本课程开发的建议

#### 1. 要发挥教师在校本课程开发中的主体作用

在教学过程中,最了解学生的是教师,教师可以根据学生的需要来调整和设计教学活动。学生也最容易接受教师制定的课程。在课程开发之前，教师要通过调查了解学生的现有状况，把握学生个性发展的需要，挖掘本地区、本学校的课程资源，收集相关资料，建立一个资料库，以备利用。在课程开发和利用中，教师要利用集体智慧，对课程方案不断进行调整。在课程开发之后，还是由教师实施课程的具体内容，以确定课程的可行性和不足。因此，教师理所当然是校本课程开发的主体，可以从以下几个方面发挥教师的主体作用。

第一，要根除教师的传统教学观念，帮助教师树立新的教学观念。这是充分发挥教师主体作用的前提条件。现代教育不是选择适合教育的学生，而是选择适合学生的教育。教育的目标是培养学生的创新精神和实践能力，促进每个学生健康发展，培养学生终身学习的能力。要让教师相信人人有特长、人人能成材。一切都是为了每位学生的发展。

第二，要提高教师的课程决策能力，培养教研合一的新型教师。在传统的教学理论中，教师不需要也无权过问课程的编订情况，教师只是既定课程的传递者和阐述者。校本课程的开发需要给予教师足够的课程决策权利，发挥教师的积极性和创造性，促进课程建设的科学决策和实施。

第三，要建立多元评价体制，促进学校评价合理发展。校本课程开发在我国才刚刚起步，许多教师和学校对此感到陌生，不知所措。每一位参与课程开发的人员也只是摸着石头过河，有可能成功也有可能失败。为此，我们应该建立多元的评价机制，不以成败论英雄，鼓励每一位教师身体力行地参与校本课程的开发和实施。当然，为使工作进展顺利，教师应当与专家学者加强联系，建立合作关系。

**2.教师应充分挖掘和利用周围的课程资源**

第一，不仅要在思想上突破教材是唯一的课程资源的观念，而且要在实际行动中去寻找有利的课程资源，并将它们用于课堂教学。如复印一些商品的英语使用说明，让学生了解一些应用型的文体，等等。

第二，经常深入学生中进行调查，发挥师生双方的主动性和积极性，不断地对课堂教学内容、方式进行改进。在教授基础知识的同时，给予每位学生参与实践的机会，提高学生的英语应用能力。

## 五、英语教师

英语教师本身就是一种重要的英语课程资源，因为英语教师具有的知识、经验和专业技能是课程活动的重要素材，教师的水平决定了教师资源的品质。优秀的教师能够有意识地根据学校课程开发和实施的需要建设课程资源。教师既具有素材性资源的性质，又具有条件性资源的性质，在课程资源的开发利用中起着决定性作用。所以，学校要发挥教师的积极性，鼓励学校教师收集整理一些隐含着教育因素的课程资源，并按照课程标准的要求和学校教学目标对其进行加工，形成课程内容。

## 第四节　基础英语课程优化的理念

英语作为重要的信息载体之一，已成为人类生活各个领域中使用最广泛的语言，随着社会生活的信息化和经济的全球化，英语的重要性日益突出。许多国家在教育发展战略中，都把英语教育作为公民素质教育的重要组成部分，并将其摆在突出地位。改革开放以来，我国的英语教育规模不断扩大，教育教学取得了显著成就。然而，英语教育的现状尚不能适应我国经济建设和社会发展的需要，与时代发展的要求还存在差距。

因此，教育部门根据相关文件的精神，结合英语学科自身的特点，制定了英语课程优化标准。此次英语新课程改革的重点就是要改变英语课程过分重视语法和词汇知识的讲解与传授，而忽视对学生实际语言运用能力的培养的倾向，强调课程从学生的学习兴趣、生活经验和认知水平出发，倡导体验、实践、参与、合作与交流的学习方式和任务型的教学途径，发展学生的综合语言运用能力，使语言学习的过程成为学生形成积极的情感态度、主动思维、大胆实践、提高跨文化意识和形成自主学习能力的过程。它包含了以下基本理念：

## 一、面向全体学生

英语课程是英语教育阶段课程的重要组成部分。因此，英语课程优化要面向全体学生，帮助学生打好语言基础，为他们的终身学习和发展创造条件，并使他们具备作为21世纪公民所应有的基本英语素养。英语课程优化应根据学生认知特点和学习发展需要，在进一步发展学生基本语言运用能力的同时，着重提高学生用英语获取信息、处理信息、分析和解决问题的能力；逐步培养学生用英语进行思维和表达的能力；为学生进一步学习和发展创造必要的条件。

## 二、突出学生主体

学生的发展是英语课程优化的出发点和归宿。英语新课程优化在目标设定、教学过程、课程评价和教学资源的开发等方面都突出了以学生为主体的思想。课程实施成为学生在教师指导下构建知识、提高技能、磨砺意志、活跃思维、展示个性、发展心智和拓宽视野的过程。

## 三、倡导体验参与

英语新课程的设计与实施应有利于学生优化英语学习方式,使他们通过观察、体验、探究等积极主动的学习方式，充分发挥自己的学习潜能，形成有效的学习策略，提高自主学习能力。学生主动参与学习过程，体验教学情境，能够增强学生学习英语的热情和效率。

## 四、关注学生情感

英语课程优化关注学生的情感，使学生在英语学习的过程中，提高独立思考和判断的能力，发展与人沟通和合作的能力，增进跨文化理解和跨文化交际的能力，树立正确的人生观、世界观和价值观，增强社会责任感，全面提高人文素养。

## 五、注重过程评价

在英语教学中应注重过程评价，关注培养和激发学生学习的积极性和自信心，促进学生综合运用语言能力和健康人格的发展；促进教师不断提高教育教学水平；促进英语课程的不断发展与完善。

# 第七章　基础英语教师团队建设

## 第一节　锻造教师团队的精神文化

教学质量是学校的"生命线",教师是教学质量提升的核心要素。教师团队的专业高度是学校教学质量的"水位线",教学质量管理需要建设和管理好教师团队。学校需要在锻造团队的精神文化、健全团队的运行机制、开展团队的项目研究、搭建团队的分享平台等方面下功夫,全面建设教师团队,促进学校教学质量和办学品质的提升。

教师团队精神是教师团队的灵魂。团队精神是集体智慧的结晶,是凝聚众人的精神力量,是团队的精神信仰。指向教学质量管理的教师团队建设,具有导向、凝聚、控制等积极的功能,能够有效地为教学质量提升蓄积力量。

### 一、构建团队发展愿景

共同愿景既能体现团队未来发展的远大目标,又能体现团队成员的共同愿望,为团队带来强大的内驱力,激发团队及其成员的创造力。

教师团队作为学校教育的有机构成,其根本任务是教书育人;指向教学质量管理的教师团队,其核心目标指向教学质量提升。例如,南京市小营小学在教学质量发展的上升时期,处理好减负与增效的关系以提升教学质量,是每一个教师团队的共同愿景。在共同愿景的引领下,学校毕业班教师团队在共同商议的基础上,确定的团队愿景包括关注每一个学生的心理、体能、学习三个方面。其中,在促进学生学习方面,确定了分层辅导、技术支持、精准纠错等教学策略,有效地提高了毕业班的教学质量。

　　成功的教学团队应该能把团队愿景转化为具体可行、可量化的绩效目标，并与个人愿景紧密结合在一起，这样，才能形成强大的凝聚力和对全体成员长久的激励作用。在教师团队建设过程中，团队带头人应该在认真了解团队成员发展意愿的基础上定位共同愿景，并把团队共同愿景与成员个人愿景有效地加以结合，以引领团队成员共同成长。例如，南京市北京东路小学张齐华工作室的愿景是：以工具撬动学习变革，以研究引领团队成长。这样的发展愿景引导工作室每位成员加入具体教学策略的研制与应用中，推动课堂变革，促进自身成长。

## 二、培植团队灵魂人物

　　在教师团队创建过程中，团队灵魂人物的专业领导力对团队文化的形成有深远的影响，甚至影响整个教师团队的文化风格与发展趋向。例如，南京市海英小学在组建"小学'全语境'儿童汉字学习新探索"项目团队时，大胆起用已有25年工龄的"老教师"作为团队负责人，带领一群入职5年以内的年轻人进行研究。年龄的落差凸显了经验的优势。该负责人充分发挥自己的专业优势，处处先行先试，乐于辅导年轻人，使团队成员屡屡在市、区各项竞赛中获得大奖，该校低年级语文课堂教学质量也因此得到了提高。可见，专业引领与精神带动，对团队发展起着重要的支持作用。

　　团队灵魂人物不仅是专业引领者，而且也是团队管理者，需要具有高超的领导艺术和管理能力。例如，南京市北京东路小学的数学团队成员，个个专业优势突出，似乎都顶到了"天花板"，给团队带头人带来了极大的挑战。团队带头人借助于市级名师工作室这个平台，营造智慧共享的氛围，捕捉课堂中儿童数学学习的细节，组织团队成员展开问题分析、现象溯源、理论解释。这样贴近现实的追问与审思，让团队成员都找到了自己的"最近发展区"，在由课例诊断、理论省察、视频切片、微信呈现、论文撰写等组成的研究之路上越走越宽。

### 三、营造团队情感氛围

良好的合作是以温暖的情感为基础的。因此，营造适宜的情感氛围，形成团队向心力、凝聚力，是教师团队建设不可或缺的内容。

在团队建设中，开放民主的氛围有利于成员个性特长的发展，为教师展开教学探究与创新实践奠定基础；团队成员相互支持、相互鼓励的和谐环境，能够激发个体和集体创新的信心、热情与勇气，增强工作学习的自信心与愉悦感。在学校"上下同心，凝聚人心"的"同心"管理理念的引领下，小营小学营造了温暖、舒适、像家一样的教师团队氛围，让每一个参与其中的人都感受到了温暖与力量，自觉自愿地为团队发展贡献力量。

情感与精神往往是同构的，营造温暖的团队情感氛围离不开团队集体精神的培育。在集体精神的感召下，团队成员在奉献自己力量的过程中收获肯定、进步和喜悦，形成良好的情感氛围。例如，南京市逸仙小学以学校"多维互动课堂"研究为契机，培植教师团队共研的协作精神。教师团队每月定一个研究专题，组成跨学科的研究小组：阅读理论分享组、课堂创意设计组、基于课例的观测组。每个小组的每位成员都积极参与其中，表达、分享、完成任务，激发自我能量，共建团队精神。

## 第二节 健全教师团队的运行机制

任何一个组织都要形成自己的运行机制，否则难免变成"一盘散沙"，甚至走向解体。作为一个共同体，指向教学质量管理的教师团队需要建立健全运行机制，从而保证团队规范、高效、灵活地运行，为教学质量提升保驾护航。

## 一、创新团队组织管理

团队组织方式决定了团队成员之间的关系及团队的日常运行方式。教师团队是多元的，要根据不同团队的实际情况灵活选择团队的组织方式。小营小学根据教师的特点成立了多个工作室：美术组的"涂鸦"工作室、体育组的"绿荫之梦"工作室、语文组的"思语"工作室等。这些团队有的是以项目为主的，有的是以兴趣为主的，团队的组织方式各不相同。譬如，以兴趣为主的团队往往是相对松散自由的，没有严格的组织架构和人员分工，大家都是凭着兴趣和热情参与团队活动的。

教师团队建设要注重工作模式的创新，从而激发每个人的能量，形成巨大的团队力量。小营小学的数学和科学学科加入了南京市教研室的差异化教学研究团队。在工作中，团队构建了个性展示、案例研讨、实证矫正的工作模式，不仅推动了团队的发展，而且促进了成员个人的成长。

学校要关注对教师团队的绩效考核，形成报酬激励、成就激励、机会激励三位一体的激励机制。通过实施合理的分配方案，使团队和成员在物质上得到相应报酬；通过给予相应的荣誉、地位等，使团队和成员获得成就激励和机会激励。

## 二、开列团队任务清单

开列团队任务清单是使团队的目标得以落实的有效举措。通过开列任务清单，可以明晰团队亟待解决的问题，促进团队成员有效开展行动，更科学合理地分配时间和精力。小营小学的"以改革促质量提升"课堂改革项目组开出了以下任务清单：①期初进行听课反馈；②进行班级一日视导；③每月月中开展专题课堂研究活动；④案例撰写分享；⑤磨课工作室"1＋N 模式"构建。要求参与项目的每一个教师团队选择其中的三到四项任务，认真完成。通过开列任务清单，将项目的工作重点清晰呈现出来，确保项目朝着既定目标扎实推进。

## 三、强化团队专业支持

专业支持是教师团队发展的加油站,能让团队建设变得更优质、更高效。教师团队的有效运行离不开强有力的专业支持。

最持久、最有效的发展动力总是内生性的。调动团队成员力量实现优势互补,强化团队的自我专业支持,是激发教师团队内在动力、推动教师团队持续发展的重要举措。教师团队的内部专业支持不仅来自团队灵魂人物,每个团队成员都有自己的专长,都可以在某些方面为团队提供专业支持。海英小学的雁阵型教学团队建设倡导关注每一位教师,尊重其主观愿景,激发其专业动能。学校的数学雁阵团队在前期组建时充分考虑教师的年龄、教学专长、能力水平等特点,进行优化组合。团队采用"无墙式"研讨方式,使每位成员都畅所欲言,毫无保留地提出自己的意见,为团队发展贡献自己的智慧和力量。

在激发团队内在动能的同时,团队发展也离不开外部力量的专业支持。在教师团队建设中,要邀请相关领域的专家定期到校指导,根据团队需要、成员特点提供"点、线、面"结合的全方位专业化服务,助力团队成长。南京市宇花小学在教师团队建设中坚持专业引领,邀请校外知名专家做专题讲座、学术报告,邀请名师到校上示范课,助推了学校学科领军人才的成长。

# 第三节 开展教师团队的项目研究

教师团队建设要与教学质量提升统一起来,必须面向实践、直面问题,做到系统思考、精准施策。小营小学历经十年,探索以"项目制"推进教师团队成长的路径,较好地破解了教学质量提升的难题,教学质量显著提升,学校也从一所普通小学成长为在省、市有一定影响力的名校。

## 一、面向实际，寻找路径

十年前，小营小学的发展遇到瓶颈，教师成长与发展的势头不强，教学质量在中游徘徊。适逢南京市教育局推进小班化教学，学校成为南京市"十一五"教育科学规划重大招标课题"南京中小学教学质量监控与保障机制研究"子课题项目点。如何抓住契机，开展研究，加强教师队伍建设，全面提升学校的教学质量？将课题研究、项目推进与质量提升的难题破解结合起来，是学校的最初的定位。

## 二、拿出实招，务实推进

我们在专家指导下拿出了具体的策略，即专家指导，整体架构；团队先行，绘制图谱；模仿入格，细化落实。

第一，专家指导，整体架构。在华东师范大学专家的指导下，学校找到了通过教学目标双向细目表的研究促进教学质量提升的路径。教学目标双向细目表是基于学生认知层级和知识的难易程度建构的二维学习目标评级体系。教学目标双向细目表引导教师既要关注学习内容——教材知识，又要关注学生的认知层级，进而确定知识教学的难度与路径。学校借助于专家引领，成立了项目团队，积极开展教学目标双向细目表研制。

第二，团队先行，绘制图谱。教学目标双向细目表研制项目团队的成员积极参与学习。他们一方面听专家解析，理解基本原理；另一方面深读专著，即使读不懂，也要扎扎实实读一遍。这样"啃骨头"式的学习，让团队成员从观望、拒绝、质疑，逐渐走向理解、接纳、尝试。

第三，模仿入格，细化落实。全体教师在学习理论和研究项目团队开发的教学目标双向细目表的基础上，进行进一步研讨，明晰了识记、理解、应用、分析、综合、评价等学习水平在本学科、本学段的学生学习行为中的表现特征，并自己着手拟制一份双向细目表。

## 三、注重实效，推动发展

学校在专家团队的指导下出版了《中小学教学质量监控与保障——小学学科教学目标的确定与达成》丛书，丛书分为语文、数学、英语三个分册。此项成果还获得"南京市小班化教学成果评比一等奖"。

指向教学质量提升的双向细目表的研制，让教师的教学观念经历了一场洗礼，让学校的课堂面貌发生了深刻的变化，让学校的教学质量稳居全区前列。在研究中，教师学科系统思维逐步形成，超越自我的想法和能力显著增强。教师更有针对性地设计指向关键能力的目标化练习，建立支持差异化学习的拓展资源包，基于网络推动教学结构与教学方式的更新。

# 第四节 搭建教师团队的分享平台

教师团队成果分享不仅能推广团队研究与实践的成果，让成果惠及更多师生，而且在分享的过程中还能进一步接收和吸纳反馈信息，让成果更加科学、更加完善。积极推进团队成果分享，建立多层次的展示平台，能为团队成长、教学质量提升拓宽道路。

## 一、团队内部的分享

教师团队中每个成员都是不同的，有"经验型""技术型"教师，也有"思辨型""科研型"教师。针对每个成员的特点，开展团队内部的分享，不仅能展示每一位教师个性化的研究收获，也能丰富团队的研究成果。例如，南京市锁金新村第一小学由

35周岁以下青年教师组成的"青春如火,超越自我"阅读团队自行约定于每周二、周四、周六在微信群读书打卡,要求每两天至少阅读20页,写读后感100字以上。阅读群建立初期,为了不让青年教师觉得是一种负担,学校对书目没有做硬性的规定和要求。一个学期下来,发现让青年教师根据自己的需求自由选择阅读内容,能够保护教师的阅读积极性:每位教师平均阅读5本书、写读后感一万字左右。今后,学校将围绕教师在读后感中谈及的某些话题,组织青年教师深入讨论,将阅读群建成阅读、分享、交流的平台。

## 二、团队之外的分享

教师团队的成果分享也可以走出团队、走出校园,走上更大的平台。当团队取得了丰硕的成果后,也应该通过研讨会、汇报会等多种方式,面向同行和社会进行推广,让团队成果发挥更大的效益,让团队成员获得更多的成就感。南京市北京东路小学每年都组织面向全国、全省、全市的大型展示活动。学校让教师团队参与其中,充分发挥每一位团队成员的力量,提升青年教师的课堂研究能力,发挥成熟教师的骨干引领作用,提升教育教学管理的实效。在团队分享中,学校也在进一步梳理研究的阶段性成果,提炼教育教学中的特色成果,对每一个研究团队都进行宣传,让每一位教师都可以在团队中得到充分的肯定和鼓励,给团队发展提供持续不断的动力。

在好的教师团队中,人们为了创造自己真心渴望的成绩而持续拓展能力,各种开放的新思想都能得到培育。只有拥有一支具有向心力、凝聚力、战斗力的教师团队,拥有一批彼此互相鼓励、支持、合作的成员,拥有一套科学、合理的管理制度,学校才能不断发展,教学质量才能不断提高。

# 参 考 文 献

[1] 常德萍.高中校本课程英语演讲赏析的调查研究[D].济南：山东师范大学，2019.

[2] 程可拉，邓妍妍，晋学军.中学英语新课程教学论[M].广州：广东高等教育出版社，2007.

[3] 戴小春.英语专业课程结构优化论[M].北京：北京理工大学出版社，2011.

[4] 高洪德.高中英语新课程理念与教学实践[M].北京：商务印书馆，2005.

[5] 郭宝仙.英语课程开发原理与实践[M].上海：上海教育出版社，2015.

[6] 何少庆.英语教学策略理论与实践运用[M].杭州：浙江大学出版社，2010.

[7] 侯琨.基于学习动机理论的英语校本教材开发研究[D].上海：上海师范大学，2017.

[8] 黄胜.新课程标准下的高中英语（必修）教材研究[D].桂林：广西师范大学，2019.

[9] 黄文源.英语新课程教学模式与教学策略[M].上海：上海教育出版社，2004.

[10] 解进.基于核心素养的课程校本化实施个案研究[D].上海：上海师范大学，2017.

[11] 乐伟国.新课程教学素材与方略小学英语[M].宁波：宁波出版社，2006.

[12] 黎茂昌，潘景丽.新课程小学英语教学理论与实践[M].成都：四川大学出版社，2011.

[13] 廖欣.小学英语教师课程知识生成策略研究[D].西安：陕西师范大学，2019.

[14] 刘春燕.英语产出能力与课程优化设计研究[M].北京：科学出版社，2016.

[15] 刘娟.新课程标准下中学英语教学目标的确定[J].学周刊，2020（06）：96.

[16] 宁静.英语新课程改革背景下初中生跨文化交际能力的调查研究[D].淮北：淮北师范大学，2018.

[17] 尚瑞林.新课程标准下的小学英语课程资源开发[D].呼和浩特：内蒙古师范大学，2019.

［18］孙贝.基于具身认知理论的初中英语词汇教学研究［D］.重庆：重庆大学，2018.

［19］王佐良.翻译：思考与试笔［M］.北京：外语教学与研究出版社，1989.

［20］谢晓莉.高中英语课程资源的开发及其管理［D］.苏州：苏州大学，2017.

［21］姚丽，姚烨.英汉文化差异下的英语教学探究［M］.北京：中国书籍出版社，2014.

［22］尹世寅，赵艳华.新课程：中学英语课堂教学如何改革与创新［M］.成都：四川大学出版社，2005.

［23］张红玲.跨文化外语教学［M］.上海：上海外语教育出版社，2007.

［24］郑秉捷.中学英语新课程课堂教学案例［M］.广州：广东高等教育出版社，2003.